撥雲見日

曾華容 著

-目錄-

【序文】
走出精彩銀髮路 ……………………… 周典樂 1
老中報給小石頭的序言 ……………… 氵勾氵勾 4
小石頭的撥雲見日序文 ……………… 楊蔚藍 5
【自序】人生永遠沒有太晚的開始…… 曾華容 10
【生活小品】
蠟燭……………………………………… 13
我家小妹………………………………… 16
樂趣……………………………………… 18
買鞋的困擾……………………………… 21
廢物利用………………………………… 24
惹禍……………………………………… 25
不點破…………………………………… 27
雨後上山………………………………… 29
上山尋幽………………………………… 31
灣區砍樹奇貴無比……………………… 34
我不怯場了……………………………… 37
煩不煩…………………………………… 39
他是誰…………………………………… 41
熬夜驚魂………………………………… 43
修屋記…………………………………… 45
【花草物語】
鳳梨番石榴……………………………… 50
四體連嬰………………………………… 52
佛手……………………………………… 54
鼠尾草…………………………………… 56

酢醬草……………………………………………58

秋海棠……………………………………………60

麒麟菊……………………………………………63

羅漢松……………………………………………65

我愛仙人掌………………………………………67

野花的派對………………………………………70

【悠閒天地】

斑鳩………………………………………………73

從新得力的老鷹…………………………………76

雪鵝過冬…………………………………………78

美麗的水鳥白鷺鷥………………………………81

　捷足先登的松鼠　………………………………83

【感恩懷念】

陳年舊事…………………………………………87

尋親………………………………………………90

秘書工作甘苦談…………………………………93

一張珍貴的卡片…………………………………96

退休感言…………………………………………99

懷念感恩秋月姊…………………………………103

【美食分享】

陌巷的驚喜………………………………………108

灣區獨一無二的龍蝦流動餐車　………………110

享受越南美食 - Xanh Restaurant ………………113

味蕾之旅…………………………………………116

感恩節盛餐 Madera Restaurant ………………121

聞名舊金山的迪納摩甜甜圈……………………124

舊金山越南時尚餐館 - 斜門……………………127

【身心健康】

那段坐輪椅的日子……………………………………132

撥雲見日………………………………………………136

走出陰霾………………………………………………139

朋友!請堅強 …………………………………………141

人怕病來磨……………………………………………143

【美國節慶】

聖荷西退伍軍人節遊行………………………………146

吉爾洛大蒜節…………………………………………148

國王蛋糕………………………………………………151

萬聖節 - 海盜庄園 ……………………………………154

【旅遊】

漢庭頓中國流芳園……………………………………158

鬧市中的樂園 - 史托湖 ………………………………161

舊金山最美的藝術階梯………………………………164

狼山地區公園…………………………………………167

參觀加州 Jelly Belly 糖果公司 ……………………170

神奇地下花園…………………………………………173

Monterey Bay 水族館半日遊 ………………………176

蘇爾岬燈塔 (Point Sur Lighthouse)………………179

洛杉磯威尼斯運河 (Venice, Los Angeles) ………182

約書亞樹國家公園……………………………………184

攀登精緻拱門 (Delicate Arch) ……………………187

妖精山谷(Goblin Valley)……………………………190

夢幻的奇胡利玻璃藝術園……………………………192

阿拉斯加首府 - 朱諾(Juneau)………………………195

夏威夷之旅……………………………………………197

序文

走出精彩銀髮路

一個夏日的黃昏，如常的在社區散步，遇到鄰居教數學的陳靜修老師。陳老師身旁有位優雅的女士，我們互相自我介紹後，居然毫不做作地互道久仰，就這樣很偶然的認識了曾老師。

她以雲裳為筆名，在世界日報發表過不少文章。雲裳這個筆名太漂亮了，再加上她的文筆流暢，內容溫馨，看過自然記得。所以我對她說久仰，自然絕非客套之辭。原來她本名華容，華容者花容也。她取李白清平調「雲想衣裳花想容」之句，而用雲裳做筆名。華容二字很容易讓人想到曹操的華容道，再不就是湖南岳陽市轄屬的華容縣。曾老師不是華容人，反而家父是貨真價實的岳陽華容人。我雖然是台灣生台灣長，從小身份證上，一直註明著籍貫 -- 湖南華容，所以她的名字，我一聽便覺親切，說來真是巧緣。更巧的是，我跟她都在矽谷旭電公司工作過，許多老同事，提起來都是相互認識的。同在一個社區住了二三十年，不期而遇，竟覺相見恨晚。

近日曾老師將她多年來在世界日報、老中地方報發表過的及在部落格寫的文章集結成書，請我為之序，我欣然答應。原來她是在退休後為了打發時間才開始寫作，在世界日報發表的用筆名雲裳，老中地方報用筆名小石頭。我看後不覺莞爾，一個筆名

秀美充滿仙氣，另一個筆名卻純樸接地氣，真虧她想得出來。除了在報章雜誌發表文章，她還在親子盒子四季園寫部落格，與讀者分享她的生活感想，美食經驗與旅遊見聞。

讀曾老師的文章，不難發現，她不但很會經營自己的生活，亦是位樂觀進取之人。師範畢業的她，教了九年書後，帶著兩歲大的兒子到芝加哥依親，為了幫助家計，從幫忙照顧嬰兒，到印刷廠工作，不畏艱辛，吃苦耐勞，不但讓自家生活無慮，還能幫補娘家，堅毅精神，令人敬佩。搬到加州後，在電子公司當品管員，由於工作認真，虛心學習，一路晉升到經理。她除了工作努力，又知感恩，幫助過她的人，她都一一銘記在心。

「懷念感恩秋月姐」一文中的秋月姐也是我在旭電工作時的舊識，秋月姐夫妻亦是我非常敬重的長官。正如她對秋月姐的描述「幽默、瀟灑，直爽富愛心」讀這篇文章，秋月姐爽朗的笑聲油然在我耳際響起。離開旭電匆匆十四年，一回首，人事俱已凋零，公司轉手易名，老同事多半失去聯絡，我忍不住落下淚來。如果早幾年遇到曾老師，或許還有機緣與秋月姐重聚，如今只有在她的文章中追憶故人。

從「那段坐輪椅的日子」一文裡，看到她受傷後，因為怕同事擔憂，責任全往自己身上攬。之後又因身為主管，不便拿長假，抱傷忍痛上班。由此可見到她的慈悲心與責任感，一片赤子之心令人動容。

曾老師的移民之路，是極佳的勵志典範。她依親而來，並未進過學校讀書，卻能成功地為自己闖出一番事業。因為她的個人特質，她的退休生活，自然也被她經營的多彩多姿。除了寫作，她還練書法，蒔花養草，當義工回饋社會，生活過得比上班時還要豐富。

這本書集結了她的六十幾篇文書，有生活小品，也有她做園藝的心得「花草物語」，生活上的「感恩懷念」「美食分享」「旅遊」等。曾老師的文章，極其通順，自然不嬌柔造作，讀來很容易讓人產生出生活上的共鳴。退休生活上的點點滴滴，她信手捻來與大家分享。她的銀髮生活是這樣的充實美好，就像她當年依親來美為自己衝出事業之路一樣，她又走出了一條精彩的銀髮人生路。

周典樂

老中報給小石頭的序言

創立於 2008 年，老中報以北加州舊金山灣區生活資訊為主幹，提供華裔移民在美國社會生活的相關內容。多年來，作家小石頭以活潑，幽默又感性的筆觸提供老中報一篇篇精采的生活小品。

「灣區砍樹奇貴無比」道出在自家前砍棵樹都得通過市政與鄰居同意的法規管制。充份反映了一個先進國度對大環境的尊重。「我愛仙人掌」敘述了因北加州長期乾旱而觸發當地獨特的耐旱園景的興盛。「捷足先登的松鼠」寫活了灣區當地物種與人類搶果子吃的戰鬥史，字裡行間的無奈，氣憤，另人跳腳又噴飯。「一張珍貴的卡片」流露了華裔移民在 1970 年代末（也是初期的矽谷）在電子公司打拼掙錢的心路起伏。

老中報謝謝小石頭長期的支持，供稿。這些平實卻貼切的生活記載為老中讀者帶來會心的微笑，也為華人在北加州移民的歷史留下了不可或缺的篇幅與足跡。

洶洶 於 San Jose, CA
2018 年 12 月 4 日

小石頭撥雲見日序文

【什麼樣的人吸引什麼樣的人】，當我在部落格中主打這樣的標題，是希望格海茫茫中，能遇見知己。

因某不知名的第三者在格海中牽緣，我認識的不只是作者小石頭，還有小石頭的先生林叔叔，和她的繽紛世界；我成了她在南加州的另一個家人，聲息相聞，偶有往來。

我比小石頭的兒子小一歲有餘，我的存在正好彌補兒子工作忙碌之外，有個貼心的後輩可聊天解悶；我的兩個孩子像是他們的孫子，想念時，就上網看看孩子最近在做什麼，這一家人最近又去哪裡玩了......，閒話家常一般，這一聊，聊了十年。

這十年來，我們只見過一次面，還是匆匆一面，來不及吃飯；這一見面，尚且在緊湊的家族旅遊行程中，順道拜訪，看看我這個人和這個家，日後讀文時才有想像的根據。這一見面，小石頭和林叔叔的利眼，像是 X 光片早已把我的前世今生都摸熟看遍了。而我對他們的瞭解僅止於問答題，初次相見，我也不便頻頻追問----就算不追問也心底明白這是一家善良的好人。

直到我看了小石頭這一本【撥雲見日】，這個人的生命軌跡才如此活靈活現，從現在式串起過去式。

我從八大分類中的文章裡，看到退休後的生活小情趣，經小石頭紀錄都成了世界日報及其他報章雜誌的發表作品。我才知道小石頭喜歡蒐集蠟燭，我知道她的小妹愛寫作，也是老師，二姊愛做拼布包，我如獲至寶收到二姊的禮物；知道小石頭的小腳穿小鞋，買鞋得之不易.......。

小石頭寫兒子的三篇文章讓我印象深刻：一篇是兒子故意裝神祕帶倆老去【法國洗衣店】吃飯，後來才搞清楚這是一家米其林三顆星的法國餐廳，不但得提早預約，還得遠道而去，盛裝出席，可見兒子的孝敬之心和體貼之意，透過小石頭的五官介紹，我才知道米其林三顆星的佳餚、氣派和排場，非浪得虛名，這頓飯中有驚有喜，保證一生印象深刻。又有一篇寫每日通關密語(讀者得自行看書才知道)，是兒子每天叮嚀母親必做的事，原本是很煩人的事，卻有很深情的用意。

唯一的遺珠之憾是：小石頭忘了蒐錄兒子辦公室的聖誕禮物，兒子度假回來發現同事給他的一個大驚喜。很久以前我讀過這一篇卻念念不忘，念念不忘的是那種同事之誼開得起玩笑，又保證永生難忘的聖誕驚奇----期待下一本書會收錄此文。

在【感恩懷念】的分類中，終於認識過去的小石頭如何移民，如何在他鄉異地建立新生活。當自

6

己擁有美好人生時， 她一路感恩所有曾經幫助過她的貴人，如旭電的創辦人陳文雄博士， 和小石頭的上司陳秋月，當初的滴水之恩， 一生的泉湧以報。【那段坐輪椅的日子】一文中，即使是工作上的小意外， 小石頭仍心存仁厚， 顧及同事的心理感受，不忍苛責。細讀之下，更能感受她的寬厚仁慈， 在在都是小石頭用生命體現愛的真諦。

除了以文會友，我們跨越虛擬網路， 實踐在生活中。在生命某些特質上， 我們是性相近，可以一見如故，我甚至像【女兒賊】一樣，幸運地承蒙他們的愛。

某日收到林叔叔寄來一箱的柿子， 藉口說是柿子盛產，倆老腸胃消化不良，特地從聖荷西寄一箱子沉重的熟美柿子到爾灣， 運費比柿子貴很多，這番心意只有家人才會如此對待。

又某年我家兒子出繪本書，純粹是小孩子的玩意兒， 中文學校的一項作業，林叔叔也參與這場遊戲，煞有介事訂購兩本，像是寵溺孫子似的， 鼓勵的意義大於一切。

有一年母親節， 林叔叔特地做一張 CD 送我，他很用心地蒐集我家十年的全家福照片及孩子的成長，配上音樂， 當我收到宇宙之間獨一無二的大禮時，

感動得熱淚盈眶。

林叔叔常在網路上看我家的故事，間接認識我的朋友，他的牙醫師就是我的超級閨密汪醫生；不只是看牙，我們珍惜的是有緣人與有緣人之間的情誼，和共同締造的美好回憶。

還有還有，我每天晚上都收到林叔叔精心製作的影片專輯，將花卉蟲鳥、世界名勝和名畫配上古典音樂，當成一份關心的禮物分贈親友，讓大家在辛苦一天後有好心情入夢。

就這樣來來往往，溫溫潤潤，我懂小石頭筆下的有情世界，林叔叔關心我家的近況，我惦記著他們的健康平安....，就算見面機會不多，這樣的心靈相契，勝過天天見面的人。

我的父親在 70 歲時用蒙恬筆寫自己的回憶錄，我非常鼓勵上一代的人趁記憶還新鮮時，寫口述歷史，寫家族歷史，那年代的人說自己的故事最精彩。

小石頭做到了！這 67 篇文章收輯成的小書，圖文並茂，文辭流暢，說故事的人不浮誇，不做作，在平凡中曖曖如含光，飽滿的智慧，照亮有情世界。

什麼樣的人吸引麼樣的格友， 我和小石頭的相互吸引，沒有時空年齡的限制，我們都是人世間的有情人， 有愛的人，有緣人。

蔚藍迷＊迷蔚藍　12-18-2018

人生永遠沒有太晚的開始

退休後，一下子空閒下來，不知如何打發這些多餘的時間，心裏有一點點慌。小妹說：「姊，練練毛筆字、寫寫文章，會夠您忙的。」

六十六歲才想寫文章與學書法，是不是嫌遲了點？生活圈不大，觀察力又不敏捷，哪來題材？幸好從小就喜歡看書的我，來美國後持續不斷看一些中文報章、雜誌，名著，從書中得到許多知識和樂趣。大量的閱讀，我的中文才沒退化。冗長的文章沒時間看完它，散文成了我喜歡的文體。因為它可以抒情、記事、內容可長可短，字數不拘，揮洒空間較自由。於是就在電腦上試著用注音符號，開始了我塗鴨筆耕的日子。

這本書，是多年來，我以筆名雲裳在世界日報家園版、用小石頭筆名在老中報及我個人的部落格，陸陸續續發表過的文章，把它整理成的第一本書。在努力筆耕之下，排遣了退休後的大半時光，日子過得充實又富活力。人生本來就是一連串的選擇與挑戰，原以為不可能寫出任何篇章的情況下，居然可以印成字上報刊。有一分驚喜，還有更多的感恩。學習任何事永遠不嫌遲，謹以此書與大家共勉。

感謝陳秋月女士 (Julie Lim) 與作者的情誼，贊助結集出書。也深深感謝灣區名作家周典樂、老中報總

經理特別助理沟沟、「楊敬專業作文教學」創辦人楊蔚藍、三位好友的序文，讓本書生色不少。也謝謝外子與兒子提供本書內所有的攝影佳作及親友的鼓勵，本書才能如期付梓，特此一併申謝。

曾華容　　12-20-2018

生活小品

心靈中點點滴滴
的碰撞
豐富了多彩
的人生

蠟燭

　　每當颱風停電的夜晚，父親總會點燃一枝小蠟燭。我們姊妹會圍繞在桌邊，看著燭蠟一滴一滴的滑落。無助的夜晚，搖曳的燭光驅走了漆黑，感到一絲絲的溫馨，慢慢的對蠟燭產生了一種說不出的情愫。

　　中學時，讀到唐朝詩人李商隱的詩：『相見時難別亦難，東風無力百花殘。春蠶到死絲方盡，蠟炬成灰淚始乾。』時，詩中所表現的一往情深與纏綿哀婉的淒楚，牽動與揪住了我的心。把原先說不出的情愫，化為欣賞與喜愛。

　　小時候看到的蠟燭是長條形，顏色有紅、白兩種。紅色蠟燭用在喜慶宴會上，喜氣洋洋增添熱鬧

13

的氣氛；白色蠟燭一般都用在宗教或祭祀喪禮上，顯得肅穆哀傷。這些蠟燭造型都很簡易，家家戶戶都會儲存一些，以備不時之需，但很少人把它當成收藏的物品。

一九八〇年我們到史丹佛大學參觀，順道去逛大學裡的書店。外子與兒子逕自往書架找要用的書，我則隨興瀏覽櫃子裡的各種擺飾。一隻蠟燭製成的貓頭鷹，吸引住我的視線。從沒看過蠟燭有這麼美的造型，高約五寸，黑白與褐色相間，顏色柔和。越看越心動，好想買下來帶回家做紀念。一看標價要美金二十五元，以當時的物價，這隻蠟燭貓頭鷹雖是物美，價卻不廉，只好打消購買的念頭。

回家後一直很後悔，雖然蠟燭的成本很低，但藝術是無價的，喜歡就買，為『錢』計較，感到自己很小氣。真心喜愛，為何不買下？內心掙扎多日，決定再走一趟，終於把它買回家。每日觀賞，愛不釋手，這隻貓頭鷹引發我日後收集蠟燭的興趣。外出旅遊時，總忘不了去找尋蠟燭。中意的或造型奇特的就買下來，讓自己高興幾天。

這種嗜好就像喝酒的人一樣，每天不小酌幾杯，就是不舒暢。我自己不喝酒，卻對搜集蠟燭成了『癮』。每隔幾個星期，就往卡媚兒 (Carmel) 跑，說是到海邊看海，其實真正的目的地是鎮上有一

14

家蠟燭專賣店。有不少外國來的蠟燭，五顏六色，大小不一，樣式很多。每次總會買幾個，滿足這個小癮。

親友知道我在搜集蠟燭，也幫著買來送我。我擁有的近百個蠟燭，有小巧可愛的兔子、金龜子、小鴨子、有水果造型的南瓜、梨果、更有刻工細膩鑲花的、嵌貝殼的飾物，琳瑯滿目。把一個櫃子擺滿，又另闢地方擺它。

每個蠟燭都有它各自的來歷，自己買的，朋友送的，有飄洋過海的，也有越州而來的，都有著不同的故事，也充滿著思念的情誼。收藏蠟燭，捕捉時間的記憶，成了我唯一的嗜好與樂趣，平淡的日子裡充滿繽紛色彩，也豐富了我的人生。

(本文刊於 12/14/2006 世界日報家園版)

我家小妹

　　小妹與我相差十三歲，看著她長大。從小就跟著我們一起看皇冠、紅樓夢、傳記和文壇創作，我們家人愛看書，純屬樂趣，從未想過，有誰會冒出頭成作家或出書。

　　小妹上師專後，因為選修「兒童文學」，對童詩、童話、少年小說各類文體都有興趣，開始在報刊投稿，畢業前匯集所有的童詩付梓。任教時又寫了少年小說和童話，後來由書評書目出版社刊印成冊。

　　結婚後，忙著教書，忙著三個小孩，找不到另一隻手來寫詩。一頭栽入油鹽醬醋裡，過著鍋鏟尿布齊飛的日子，詩情畫意與誠摯的童心，已成過往雲煙。在兒童文學的園地裡，悄悄地消聲匿跡，讓我們感到惋惜。移民北美的八個年頭裡，為五斗米折腰。做的工作離本行和興趣十萬八千里，真是鬱悶難伸。去年辭去食之無味，棄之可惜的工作，舉家南遷洛杉磯。

　　在寧靜的菠莫那 (Pomona)，足不出戶，猶如隱居。蒔花種草之餘，開始做夢，幻想著找回那隻失去的手，又寫起童詩及散文。等了三十年，回到原先的起點重新出發，多麼漫長的旅程。

喜見她的文章在中國時報及世界日報家園版露臉，我受到她的鼓勵，也投入這浩翰的藝文天地，以六十六之齡，開始搖筆寫作。小妹加油！在有生之年，讓我們一起攜伴走下去。

(本文刊於 03/31/2007 世界日報家園版)

附註：

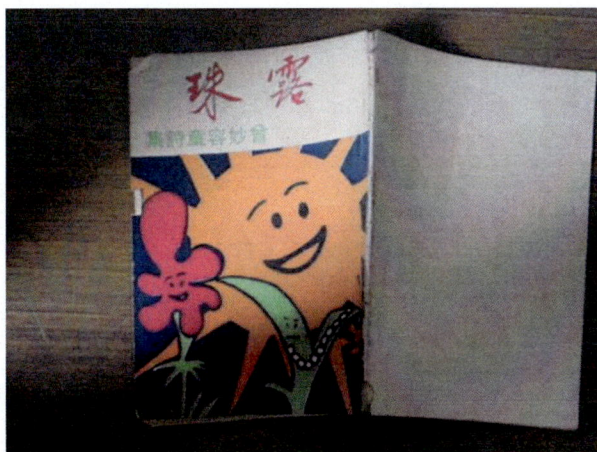

小妹的詩集

我家小妹著有：兒童詩集《露珠》、《纸船》；童話《幻想世界》；少年小說《飛向藍天》、《春天來到了嘉和鎮》。這三本書均獲洪健全兒童文學大獎。

樂趣

　　二姊今年七十三歲，帶著老花眼鏡，終日與心愛的縫紉機為伍，沈浸在拼布手提包的製作樂趣裡，每當完成一件作品，欣喜快樂全寫在她的臉上，真讓人羨慕。

　　記憶裏，二姊只會縫縫補補和做些小孩子的簡單內衣內褲；絕對想像不出她這般年歲，還能做出如此精緻細膩的手工提包。除了佩服，更多的是對自己的不長進感到羞愧。

　　外甥女、外甥還在求學時，二姊忙著張羅三餐，裡裡外外的大小事都要做，已無暇做其他事，不可能培養自己的嗜好。縫紉機早已束之高閣，灰塵滿佈。後來又忙著照顧外孫女和兩個雙胞胎孫子，更沒機會去學點手工藝。

八年前，孫女、孫子都上學了，二姊一下子無事可忙，精神上失落了重心，鬱悶不樂，並開始抱怨手腳發冷，指頭僵硬；醫生建議她做些多讓手指頭活動的手工藝，可以促進血液環循。正巧當時摺紙手工正在台灣風行，於是她也加入學習的狂潮中，摺天鵝、摺鳳梨……日也摺，夜也摺，忘寢廢食，摺出興趣來。她把辛苦完成的作品，送給自己的姊妹和女兒；於是幾個姊妹和女兒的家，都成了她作品的展列處。

記不得摺了多少紙，完成了多少隻天鵝和鳳梨。她愈摺手指頭也愈靈活，手腳不再冰冷。紙工太簡單了，開始用珠子黏貼小兔、福娃、天鵝，工巧又唯妙唯肖，讓人愛不釋手。但這些作品，只能當擺飾，沒有創意，她覺得不切實際也不實用。於是搬出塵封已久的縫紉機，做起簡單的手提大布袋及雙色兩用的布帽；我們心疼她太勞累；但她覺得高興又有成就感。

手提布袋和布帽做多了，累積了經驗，她又想提升自己的手藝，著手做較複雜的背包和花樣繁多的布提包。老舊縫紉機功能不足，只好汰舊換新；她並捨棄便宜的布料，到專賣日本進口貨的店裏去選購所需的材料；也順便瀏覽展出的作品流行什麼花樣，增長自己的知識和審美眼光。

背包和手提包看起來簡單，做起來可困難多了！裡外縫針都是學問。這下子，就不是自己摸索能解決了的事。二姊只好找精於手提包的朋友求師拜藝。歲數已大，學過了又忘記，是常事，二姊夫忙著幫她又寫又畫，邊學邊做，慢慢理出竅門，得心順手了。

　　二姊心細又耐磨，做事不馬虎，做出來的提包，有專業水準，人人讚賞。女兒、孫女等著要背媽媽和阿嬤的成品。女兒背著新提包上班，羨煞了同事；孫女背著背包上學，圍來一群同學，個個露出愛慕的表情，希望自己也能擁有一位手藝高強的阿嬤，還引來同學爭搶要當乾孫女的趣事。

　　我的朋友也試問是否可買一個？二姊只有興趣做，沒興趣把它當成商品去賣。聽說最近手上又有新的作品推出，我們正拭目以待。

　　二姊忙得時間不夠用，我們常笑說她不夠老。精神有所寄託，生活有了重心，在她身上找不到慌悶，也聽不到碎碎念的聲音，二姊夫老來還真有福氣。誰說老來等死，大錯特錯！自己的人生，自己開拓，老來也能活出樂趣和有意義的人生。

　　　　(本文已刊於 09/12/2007 世界日報家園版)

買鞋子的困擾

　　現代人出門不穿鞋子，除非住在偏遠落後的地方，否則光著腳丫在街上晃蕩，不被多看幾眼，也會被視為非我族類。

　　鞋子就像衣服一樣，跟我們的關係很密切，除了講究美觀大方之外，最重要的是要合腳，穿起來舒適。太小了，腳趾受擠壓，即使鞋子再美也不能買；太大了，又像小孩穿大人鞋，古怪又難行。但要找到一雙自己滿意的樣式又能套上雙腳的鞋子，對別人而言，是稀疏平常的小事，偏偏我的腳小，又生活在大手、大腳、什麼都比大的美國，這才是大問題呢！

　　從小到大，沒有過買鞋子的煩惱。到了美國才發現，要買雙鞋子竟然這麼困難。亞洲人個子普遍矮小，在臺灣時，小號鞋子很多，容易挑選到喜歡的

樣式。但在美國，人人高頭大馬，小號鞋子賣給誰穿？

剛到美國的前幾年，住在芝加哥。本以為大城市購物應該比小鄉鎮方便，却沒料到成人女鞋櫃找不到我要的鞋號，只好到童裝部挑式樣大方，合腳舒適的來穿。當時外子是留學生，我沒上班，對穿著只求簡樸，能買到合腳的鞋子穿，已是萬幸，哪敢再挑剔。

後來搬到加州，以為亞裔人多的地方，買鞋子的困擾會減低，但是却不然。幸好姊姊常來美國，她穿的鞋子再小一號，就是我的尺寸。式樣秀麗又合腳的鞋子，就這樣飄洋過海由姊姊從臺灣帶過來。穿上流行的高跟鞋，配上時尚的洋裝，讓我趾高氣昂了好一陣子。

後來姊姊長住美國，我也上班了好幾年，衣著上不能太隨便。於是經常逛附近百貨公司的鞋子專櫃，遍尋哪兒有五號鞋子在賣，運氣好時，偶爾也能買到一雙合適又中意的鞋子，那份驚喜如同中樂透。

去年九月，為了買雙白布鞋，好去阿拉斯加旅遊穿用，竟然找不到一雙中意的鞋子，又回頭買童鞋穿的惡夢。休閒服配上童鞋，沒有人會仔細看它，

總不能因買不到鞋子，就耽誤行程。

　　這次火燒眉睫，遍尋不着鞋子的困擾，讓我悟出一個竅門：以後不管皮鞋或布鞋，只要中意又合適的五號鞋，即使樣式一樣，也要一口氣買上三雙備用。誰知何年何月何日，才會再碰上「意中鞋」？

(本文刊於 03/02/2008 世界日報家園版)

廢物利用

多年前，朋友送了一組純白色茶具給我。在所有的茶具中，我最常使用這組茶具來泡茶，其他的茶具質地比較精緻，使用時要小心翼翼以免摔破，只有朋友來訪時，才有機會露臉。而這組純白茶具厚實又質樸，使用起來自在又方便，真讓人愛不釋手，加上陪伴自己已有好多年了，感情深厚。

日前沖洗時，不慎把壺蓋摔落水槽，噹啷一聲，應聲碎裂，頓時真是不捨。少了壺蓋，茶壺也失去作用，於是外子把它丟出窗外，被眼尖的我撿回來。他說：「東西不能用了，就是廢物，還撿回來幹什麼？」

女人對心愛的東西，有時破損了也捨不得丟棄，這是男人無法理解的地方。茶壺依然完好，怎能算是廢物？插上從後院剪下的小花小草，擺上餐桌，紅花綠葉在白茶壺襯托下更顯得色彩鮮艷。花點小心思，生活中處處有驚喜，誰說：缺了一半，就要成廢物。

(本文刊於 03/02/2009 世界日報家園版)

惹禍

日前朋友來訪，大家圍坐在餐桌旁，邊吃水果邊聊天。從大玻璃窗看見外子正在處理游泳池，湯先生把話題轉到游泳池及落葉的清除。家有游泳池的人都知道，落葉是游泳池的最大剋星，尤其是松樹的針葉更是讓人頭疼。很不幸的是我家後院也有一棵大松樹，落下的針葉，給我們增添了不少清除的麻煩。幾次萌起把泳池填平成草地或用來蒔花種果的念頭，但是填平一個大池，費用也不少。保留泳池或砍掉大樹？掙扎好久之後，決定花二仟多元請人鋸掉大樹，除去了心頭大患。鋸樹除了要請專業的人，也要懂得法律，一不小心，很容易誤觸法規。

在座的蔡太太告訴我們：她有一位熟識的朋友，請了一位墨西哥工人來幫忙鋸樹。有一截支幹不慎掉落到鄰居的後院，這位老墨竟然沒向鄰居敲門，逕自走到人家後院想自己去清理。正巧鄰居的女主人在後院工作，被突然闖入的老墨嚇壞了，這位老兄又不懂英語；女主人於是打電話召來警察並指著樹說了一大堆話，警察才發覺樹幹上有編號，方知砍了市政府的樹。這下子麻煩可惹大了，原本想省錢，却沒想到因小失大。

友人的朋友接到罰單，一看是二萬元美金，心情掉到谷底。她望著罰單欲哭無淚，這個處罰未免太重了，也不知道要怪誰，只好獨吞苦果，真是始料未及。如果老墨有敲門，鄰居女主人就不會找來警察，如果他是專業有執照砍樹者，就知道市府的樹砍不得，就能躲掉這場災難。

另外一個例子是：多年前有一對夫婦在他們家門前挖掉一棵小樹，數天後卻收到法院的傳單，才知道那棵樹不是前屋主栽的，原來是市政府為美化街道而種的。上了幾次法庭，申訴又申訴，惹來不少麻煩。幸好法官法外施恩，叫他們買一棵大小相同的樹種回去，才終結了惡夢。

美國是法治的國家，人人要懂得守法。不懂的事，千萬不要為省幾塊錢而自已動手去做。入境問俗，多方聽取別人的經驗，上網查詢資訊，才可免除因無心無知而犯下無法彌補的大錯。在美國找人做事，必須找專業且有執照的人，才可避免不必要的紛爭。

(本文刊於 06/08/2008 世界日報家園版)

不點破

　　說話是一種藝術，人人會說，但不一定得體，說話是需要技巧的。

　　什麼話可說，什麼話不該說，時間、地點、對象都很重要。用詞不當，冒犯長輩，說話尖酸刻薄或粗鄙，失言得罪人而不查覺；甚至被記恨終生而不知。話說得巧，溫言暖語讓人如沐春風，討人歡心。一樣是在說話，卻有如此差別，可見說話確是一件大學問。

　　我們的朋友孫先生舉了一個親見的事例：一位會說話的老伯伯，如何感化年輕的扒手。

　　話說日前，孫先生應朋友的邀約，一起到餐館吃飯。那天餐館的生意冷冷清清，只見三桌客人。

　　老伯伯正津津有味的享用他的大滷麵，桌上放了一支新手機。靠近他右邊的桌子坐了一位年輕小伙子，邊吃邊盯著老伯伯的新手機看，孫先生和他的朋友在鄰桌也瞧見了眼前的這一幕。

　　當老伯伯彎下腰去撿起掉落在地上的餐巾，再坐正時，突然發覺手機不見了。這位年輕小伙子正想離桌而去時，老伯伯開口了：「年輕人，等一等。拜託一下！我眼花又不方便彎腰，請幫我找一下手

機好嗎？那是我女兒送給我的七十歲生日禮物，可不能丟啊！」年輕人被叫住，且自知被識破，只好彎下腰假裝在地上找，順勢把手機還給了老伯伯，然後悻悻然的離去。

大家問他為什麼不報警？老伯伯說：「我只想要回我的手機，報了警，讓他坐牢對我有什麼好處？留條後路給他，讓他有悔改的機會不是更好嗎？何必毀了一個年輕人的前途。」

老伯伯婉轉得體的話，又不傷年輕人的自尊心，面面俱到的化解了一場不必要的難堪與紛爭。老伯伯的機智與說話的技巧，讓當時在場的朋友佩服極了！

真正會說話的人，讓人感覺「盡在不言中」，也是會說話的最高境界。

(本文刊於 02/07/2009 世界日報家園版)

雨後上山

今年加州的冬季，下了不少場雨。尤其二月下旬，雲厚遮日幾乎每天早上的溫度都在華氏四、五十度左右，冷得令人彎腰縮脖，不想出門。天氣終於放晴了。好久不爬山，朋友想去拍石橋，於是邀外子和我到附近的明礬岩公園走走。我們到過明礬岩公園三次，但從沒在雨後上山。

前兩次上山，都在春、夏兩季。春末來時，山谷的小溪水少又清澈。走過古木參天的樹蔭下，微風吹過，悅耳的鳥語聲不斷入耳，寧靜又安詳。暑假多了放假的小朋友及公司的烤肉聚會，嬉鬧的歡笑聲充盈園內遊樂區。有人捕蝶、有人在山徑上健走、有人騎馬、…整個公園都活絡起來。

冬後雨季上山來，四周景物都變了樣！少了人群，鳥兒也不知去向。只見溪邊、山徑旁多了新綠。山林中的雨水，傾瀉而下，水量大暴漲，小溪成了大河；白花浪水由山頭而下，成了公園冬日景觀。

硫磺礦窟和石橋是明礬岩公園的特色，遠遠就聞到硫磺味。礦窟仍冒出熱氣騰騰的泉水。每次走過石橋，總是駐足良久，欣賞一座座古樸拙美的橋姿。現代化的橋樑，講究科技，就是少了一份自然美。

很高興能見到明礬岩公園三季不同的景色，就像閱歷人生一樣。每個階段都有不同的際遇，有各自不同的體驗，令人感嘆：【人生也如四季】。

明礬岩公園坐落於 Alum Rock Ave 盡頭東面的山腳下，是聖荷西最大的公園及加州最古老的城市公園。佔地 720 英畝，有多處野餐及烤肉區、兒童遊樂場和 13 哩山徑步道可供健行、騎馬，及做戶外運動。山徑夾道野花遍佈，花蝶飛舞，鳥鳴不輟，又能觀賞硫磺礦窟的舊跡，是小孩及大人週末最喜歡去的休閒好去處。

(本文刊於 04/15/2011 老中電子報 e-Paper)

上山尋幽

走路爬山健身已成時尚，走到室外是我退休後每天的功課。戀丘聖安東尼公園 (Rancho San Antonio Park)是聖塔克拉的管轄區，坐落於洛斯阿圖山麓。

山路小徑大都在林蔭樹下，坡度不陡，條條山路相通。公園內有個狄兒小農場，農場裏養了一些動物，也闢一小塊地種些蔬菜和花卉。離市區不遠，交通方便又有免費停車場，附近學區的小朋友常乘坐校車來觀賞，也是我們經常去的地方。

不同的時間裏，有人上山也有人下山，來來往往的人絡繹不絕，形形色色的人擦身而過。有單行客，有夫妻組，有一群相約而來的朋友，更有全家出動的；有相識的，也有未見過面的。大家總是很有禮貌的打個招呼道聲「早安」，把整個山區點綴得更有生機與活力。

山路的小徑有很多條，可依個人的體力，選擇自己喜愛的路，可長可短，悉聽尊便。沿途小徑有小花小草可供欣賞，也可以爬到山坡的上面，鳥瞰灣區的景色。三月天氣不熱，是爬山最好的時候，外子和我，幾乎每天都上山報到。剛開始時，爬坡像老牛拖車，氣喘吁吁，時走時停；汗流浹背，滿臉通紅，真想棄甲丟盔。慢慢的體力加強了，下山時，像脫韁的野馬，邁開腳步直奔山腳下，欣喜完成任務。

　　我們走過小狼山狗、小淘氣山谷和牧草地三條山徑。每條山路四季景色不同，路程和坡度也不一樣。唯有瓦電山路，因為坡度陡，山路又長，且樹蔭少；不想半途敗興而歸，至今仍沒有勇氣去試。山貓環是我最喜愛的一條山路，山林中的水匯集成小溪，由山頂沿著山谷而下，崎嶇成折，溪水清澈見底。走在林蔭樹下，微風徐徐吹來，聽著潺潺溪流聲，心涼又舒暢。

　　除了山路健行，我們帶著數位相機，外子掌鏡頭，我當導演。沿途山路小徑旁的小花小草和樹林都成了我們獵取的目標。沿著山路，邊走邊欣賞風景，聞著清香的草味，看野花評雜草。寧靜的山谷驚聞雞啼聲，林蔭樹下漫步的火雞、小鹿，出來覓食的兔子或鵪鶉，優閒自在，盡是一片祥和與世無爭的寧靜。最常看到的是爬上又爬下的松鼠，一點

也不怕有人走近，依然故我。奇形怪狀的枯樹，像極站立伸展雙手的大熊，枯樹匯聚的動物園，長出眼睛的樹幹，一一入了我們的鏡頭，小徑上多少會出現叫不出名的小花小草或小動物，也曾經被雨傘節蛇嚇得哇哇大叫，必須練就「處變不驚」的膽量，否則別想再上山。

　　整片山林，沒有喧鬧聲，遠離凡塵，煩惱皆忘。上山練腳力，放鬆心情，每天都有驚喜，增添不少樂趣，是爬山之外的一大收穫。朋友們！讓我們一起走進大自然，盡情享受好山好水。

(本文刊於 04/22/2007 世界日報家園版)

灣區砍樹奇貴無比

　　加州前幾年一直乾旱，為節水導致草坪乾枯，有些大樹也遭殃因病而枯萎。我家前院緊鄰隔壁的兩棵大樹也不能倖免。原以為修剪枯枝再多灌些水，也許能救活。

　　砍樹公司來估價看了樹後，就告訴我們：「這兩棵樹頂端雖仍有綠葉，但已經不健康，遲早都要砍掉，以防後患」。交談後我們以\$6000成交，包括2棵大樹、一中、一小共四棵。我直嚷太貴！朋友說：「不貴。她說灣區砍樹價碼就是這樣：小樹要\$2500(美金)，大樹\$4000」。也許我是井底之蛙，不知行情。

　　砍樹前我們付\$125向 Saratoga 市政府申請許可證，十天後派人來查看。檢驗員說：It is dying。同意砍掉，並說附近的鄰居會收到市政府寄出的通知

書，如果沒有人反對就 OK，否則要在公聽會去解決，費用另算。」且規定砍掉兩棵樹後，必須再補種兩棵五加崙以上的樹苗。真沒想到砍樹有這麼多的規矩及麻煩事。還好沒人反對，於是我們擇定日期約好砍樹公司來砍掉。

要砍掉四十多年的老樹，真令人不捨，外子、我和兒子每人都拿自己的 iPhone 各自取景，留下它最後的面貌，讓我們永遠記住五樓高，三人合抱的紅杉巨樹偉岸的身影。如果它有知，是否也會難過與傷心。

5 月 12 日早上八點多，砍樹公司開來兩部大車 (一部是碾碎機，另一部砍樹車) 及六位工人，我們一家人都備好相機，準備拍下它的過程。這是一家團隊默契很好的砍樹公司，一人專職在砍樹車上操作，其他的人在樹底旁清除砍下的樹枝並順便碾成碎片，動作乾淨俐落。兩棵大樹約 2 個時辰，就把旁竄的樹枝剷掉，只見全裸的樹幹及頂端。接著由上往下分好幾截，一一鋸掉。一個早上，一家三人寸步不離，眼珠子隨著切段落下的樹幹移動。我們也上了一堂很寶貴的砍樹課。

中午吃飯休息後工人繼續工作，在六人合作下，兩棵大樹已被萬段切屍碾成碎屑，裝車運走了。留下樹根等明天再處理，工人累了提早收工。

第二天，原班人馬一早就來了，除了砍樹車外，換了一部小型專劂樹頭的車子。六人分三組各自工作，有砍車庫前中型針葉樹的、有劂樹頭(根)的、有砍小樹的、有修剪樹牆的…。到了下午兩點多就完工，收拾得乾乾淨淨。頓時整個院子明亮又清爽，視野也寬濶多了。我們非常滿意這家砍樹公司，除了服務好，價錢也公道。

　　由這次砍樹，小石頭得到一點小心得：
1 若屋主前、後院有大樹時，買房子就要考慮。
2 每三、五年就要修剪一次，樹不高，容易修剪。
3 自己想種樹，應慎選樹種，不要買會長得又高又
　粗壯的樹苗，就可減少砍樹的麻煩。

補記：大樹砍掉後，地太寬濶。九月中旬，我們種回三棵樹，天天澆水，至今都活得很好。特為此大工程做個記錄。

(本文刊於 03/01/2018 老中報)

我不怯場了

自幼膽小又怕生的我，人一多，就手足無措，不知如何應對。尤其遇到比賽或上台說話，更是緊張得心跳加速、雙手發汗，真是苦不堪言。

記得小學四年級的時候，代表班上參加全校書法比賽，因為心跳手抖，根本無法握住筆桿，以致字字歪斜，寫不出平常的水準，當然與獎無緣。六年級又代表班上參加朗讀比賽，雖然拿到第二名，但上台時腳步沉重，雙手拿著書發抖的窘態仍記憶猶新。

後來當了小學老師，天天上台講課。但一遇上教學觀摩時，教室後面站滿了來自各鄉鎮的老師們，即使整個教學過程瞭若指掌、倒背如流，我依然心慌不止，每次總要捱過五、六分鐘，才能鎮靜下來，真為自己無來由的緊張而困擾。

來美國由芝加哥搬到加州後，兒子可以自己上下學、自理功課後，我又上班了，在矽谷一家中國人開的電子公司當品管檢驗員。因做事認真，老闆讓我加入重要幹部培訓中心。在一群實力堅強又能說善道的經理人員中，我緊張的毛病又犯了。開會時一緊張，腦中忽然空白，還以為自己得了失憶症。連聚餐時，大老闆坐在我旁邊，挾菜的手也不自主的發起抖來。老天啊！我到底在怕什麼？

後來，開會機會多，自己也負責一個小部門，日積月累，漸漸練出一點膽量來。加上日日與員工相處，公司上上下下都熟悉了，終於不再膽怯、惡夢連連。

退休在家沉潛半年後，到附近的長青學院上課。每逢要發表意見或心得時，面對陌生且不認識的一群人，我的心跳及雙手出汗的情況再度出現，緊張又附身了。癥結究竟出在哪裡？自己也不明白。

今年6月春季班結業典禮，在150多位來賓、老師、同學多隻眼睛注視下，我代表全體學員上台致謝詞。出奇的，我竟能落落大方、不慌不張、侃侃而談，博得不少掌聲，自己都覺得意外。

這次為了上台，不但做了很充分的準備，而且一再演練，加上連續做了兩年班長，及目前長輩會理事及秘書工作的歷練，讓我不再心慌。原本會發抖、出汗的毛病竟然無藥而癒。第一次能在眾人面前侃侃而談，真為自己能突破心理障礙而感到驕傲，恍然明白原來我要的是自信心與歷練。

(本文刊於 09/29/2009 世界日報家園版)

煩不煩

兒子每天下班回家，一進大門，不是喊餓，而是問我："Mom, did you hug Dad today?"（媽，您今天有沒有擁抱爸爸？）我說：「當然有啊！」愉悅滿意的笑容就顯現在他臉上。如果我真忘了，沒擁抱爸爸，他就會盯著我看，「您怎麼可以忘記呢！」我的耳根就要開始不清靜了。兒子像課堂上的老師，不忘隨堂查作業，天天問同一句話。

擁抱在西方國家是很平常的禮節，抱起來既親切又自然。但從小被教以握手為見面禮節的東方人，多數仍對擁抱這個動作覺得有點不自在。兒子從小在美國長大，已經洋化。我們久居美國也入境隨俗，每天上班出門前，也會來一場暫別的互擁，感覺既幸福又溫馨。

自從退休後，甚少獨自單飛，兩人天天守著家，彼此不厭煩已是萬幸。哪像老美夫妻「甜心蜜糖」仍嫌抱不夠。東方人較含蓄，把深情藏在內心。兒子看在眼裡，以為老媽不再愛爸爸了，兒子適時提醒了我這遲鈍的老媽。他開始要求我每天一定主動去擁抱爸爸。這個課題看似容易，但往往因彼此作息時間不同，各司其事，常忘了給對方一個深情的擁抱。怪不得兒子不厭其煩天天問，他太了解我這個媽媽的個性。

奇怪！為什麼天天只問老媽一個人？有一天，我

好奇的頂他一句：「為什麼你不叫爸爸先來抱
我？」好像在討價還價的口氣，其實我沒有賭氣的
意味只是想知道要求老媽先主動去做，總該有個理
由吧！

　　他說：「爸爸分擔家事，是司機、是媽的電腦技
術師；要讓媽媽高興，又要容忍媽媽的壞脾氣，很
不容易呢！擁抱是回報爸爸的付出，要天天感恩有
這麼好的另一半。」再說，您們年歲漸大，應珍惜
每天在一起的情份，誰知還有多少個明天能天天擁
抱彼此。時間很短暫，誰也沒法預知下一分下一
秒，會發生什麼事。

　　現在不做，將來想做時，也許遲了，再也沒有機
會了。到時後悔，是無法補救的。

　　兒子平日話不多，但心思特別細膩與體貼。他深
知互擁的肢體語言是一種深情的表達，能讓彼此更
親蜜。他深怕我們倆天天大眼瞪小眼，磨擦不斷，
才給了我天天擁抱爸爸的課題。

　　除了感動也自愧不如兒子的心細，幸好兒子每天
的叮嚀，雖是同一句問話，我不再覺得厭煩，而是
溫暖貼心的關懷。心存感恩，自已也受惠。

（本文刊於 04/15/2008 世界日報家園）

他是誰

　　藍太太知道我在練習書法，她問我要不要他先生寫的書法，如果不在意有些字寫壞了，她要撿來給我。她認為寫得不錯，丟了可惜。

　　藍老師的字飄逸瀟灑，能擁有他的墨寶，高興都來不及，哪會嫌棄。她說她也撿了幾張作廢的習作，給她的球友李博士。我隨口一問：「誰是李博士？」藍太太記不住他的名字，只跟著球友如此稱呼他。我暗忖：怎麼也有人跟我一樣，撿別人要丟棄的字跡當寶。我對外子說：「真想知道這位人士是誰？想必對書法也有興趣才是。」

　　後來，藍老師知道她太太把他丟棄的習作撿來給我，覺得不好意思。打電話告訴我，要送一張有落款蓋章的赤壁賦給我。外子很欣賞藍老師的字，特地找出風景畫面與書法詞句與意境相配的圖片，利用電腦技術，把藍老師的字嵌入其中，彰顯書法的另一種美感。藍老師看過後，覺得很新奇又驚喜。請外子再幫忙多弄幾張準備送人。

　　藍老師夫婦帶了外子幫他影印的多張富彩色的書法作品到球場，讓球友欣賞。球友們看到其中以長江三峽為背景的赤壁懷古圖，落款上頭的名字時，李博士說：「這是我師母的名字。」藍老師夫婦很驚訝：「怎麼！你認識他們？」

有一天閒聊時，藍老師提及李博士認識我們。我和外子都很納悶，不知他所說的李博士是何許人。聽完描述後，我和外子同時笑彎了腰，原來藍老師夫婦口中的李博士竟然是外子的學生。事隔半年，一直想知道這號人物是誰的謎團，才真相大白。

世界，說大不大，說小也不小，一張書法作品上的名字，居然引出李博士的本尊，真是趣事一樁。

(本文刊於 05/22/2008 世界日報家園版)

熬夜驚魂

記掛著手上未完成的稿子，昨天整個夜裏睡得極不穩。三點多就醒了，睜開眼睛，窗外仍是一片昏暗。不想吵到外子的好眠，我輕輕的掀開被子披了件外衣，躡手躡腳，一步一步下樓梯走到廚房。倒了杯溫開水端到電腦室，準備繼續做完未竟的工作。

四周一片寂靜，啜了幾口溫開水後，思緒清醒多了，開始集中心力工作。眼睛盯著螢幕，右手握著木筆在小蒙恬板上刷刷刷的寫著…，正高興快完工時，大門外長廊牆角上的感應燈突然大亮！亮光透過百葉窗的縫隙射進電腦室。

此時此刻整個社區及鄰居都沉睡在夢鄉中，誰來過？沒有一點聲息，也沒聽到貓叫聲。深更半夜，四處靜悄悄，也沒風吹樹搖，為什麼燈光在此時大亮？真是詭異，有股寒意襲來，渾身起疙瘩，驚慌得拔腿就跑，趕緊奔回臥室。

悄聲對外子說：「門外大燈亮著！好像有人來過！」心裏毛毛的，直覺好像撞鬼。外子說：「別胡思亂想，哪來的鬼，自己嚇自己。」不管外子怎麼解釋及分析亮光的可能性，都無法去除我心中的恐懼，我著實被嚇壞了。這一驚嚇，讓我好久再也不敢在半夜獨自在樓下工作。

違反正常作息，該睡不睡，何苦嚇自己，這也許在告誡我不可熬夜吧。

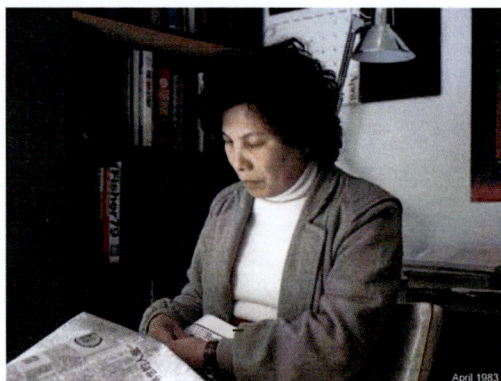

April 1983

(本文刊於 06/02/2009 世界日報家園版)

修屋記

　　住了三十多年的老房子，灰樸樸，像穿舊的衣服，總覺不體面。想為它裝扮修飾，趕上潮流來次整修。但外子個性節儉意願不大且不積極。想到施工時的灰塵及雜亂，將帶來生活上的不方便，因此竟擱置下來。

　　1999 年股票大漲，手上有點錢壯膽，又萌起修屋的心願。此時外子不再反對，但拋來一句話：「修建的費用及跑腿看材料由我負責，找人估價、用什麼材料式樣或設計，交由妳處理。」朋友告誡我：「修建房子雜事多，家又亂，當心鬧冷戰，意見不合丟棄不管，甚至為此而鬧離婚的」。這些話也不是第一次才聽到，但總不能就此哽噎廢食，這也怕那也不敢做，豈不是又回到原點。既是自己的心願，再苦再忙都不能打退堂鼓。

攬下重任後，驚喜之餘，又讓自己憂心不已。對設計與修屋是門外漢的自己，深怕東改西弄，到頭來變成什麼都不搭配，白費心機空忙一場。 於是忙跑圖書館借閱有關廚房改建及室內設計的書籍來看。周末跑建材行挑材料及比價。設法打聽可靠且有執照的建築公司，也盯著世界日報查詢分類廣告，找窗簾設計師。最後經朋友介紹，選定伍先生來承包修建工程。

原本只想修改廚房和陽台，但顧及整個房子新舊不協調影響整體的美觀，決心全都改頭換面。把所有的上下樓的地毯改成木板，拆除全部的門窗換成雙層玻璃，另訂製新窗簾，櫥櫃。浴缸及抽水馬桶也全換新：有些櫃檯改用花崗石或西班牙大理石。

工程愈做愈大，預算也遠遠超出原來的數目，真是始料未及。兒子問我：「媽，你找室內設計師沒有？房子不能亂搞的，花了一大筆錢，弄得亂七八糟會後悔的」。我也知道要有個室內設計師，但一趟出門估價車馬費要一百美元，收費算法是全部修建費用的八分之一，買建材需要一起去看質材又另加費用。獅子開大口，把我嚇傻了。我又不是蓋皇宮，忍痛付一百元後，再也沒找任何室內設計師，只好自己披掛上陣。

六月初開工，工人忙著拆掉櫃子，拿走舊地板。

去除壁紙、拆地毯、敲掉舊的花崗石板⋯。我和外子也沒閒着，忙挑選烤箱及微波爐的品牌，洗碗機和瓦斯爐的樣式。接著量窗户及所有大小門的尺寸，東跑西看，比價又挑牌子，跑遍各家建商，看得眼花撩亂，又累又乏。有時為顏色及質材的搭配拿捏不住，遲疑不決時，往往搞得心煩氣躁，挫折感襲上來，弄得夜夜失眠。

半年間，每天處在心雜房亂中過日子，才真正體會朋友告誡句句是真言。幸好外子早就預料到兩人之間意見或觀感無法一致，嚴守原則盡量支持與配合。小爭吵難免，但沒有弄到臉紅脖子粗、臭臉相對，算是很幸運。

修屋期間，唯一的憾事讓我耿耿於懷。有一天下班後，發現浴室大理石多處銜接不正，我貼上貼紙，希望能修補。沒想到工人第二天一看，卻老羞成怒而離去，不再來上工，讓我難過不已。伍先生自覺不滿意，親自拆掉重做。待人寬厚是做人的原則，但對不完美的工程，也不能隱忍吞下，工作品質是信譽的保証。幸好合作愉快，沒有任何糾紛或拖工誤期的事情發生。

修建工程依約進行得很順利，終於趕在感恩節之前完工。房子「煥然一新」，亮麗的木板搭配米色沙發，窗簾襯些淡雅花色及綠葉，清爽明亮。

每天睜開眼睛，樓上樓下巡視一番，欣賞自己花了半年的成果；滿心歡喜。一生中有個這麼大的挑戰，也是一種歷練；從中學到很多知識和經驗。

修屋屆滿十年，朋友從外州來訪，還以為我們買了新房，嘉許有眼光及好魄力；更驚訝我們哪裏來的勇氣。如果沒有外子的支持和兒子的忍耐與配合，及妹妹提供的便餐，想承擔這件艱巨的大事，恐怕不是一個人的努力就可達成，家人的凝聚力更是重要。

(本文刊於 2011 北加州臺灣長青學院季刊)

花草物語

一花一草
　　皆生命
一枝一葉
　　總是情

鳳梨番石榴

我家後院有三棵鳳梨番石榴 (Pineapple Guava)，類似臺灣的芭樂。它是前屋主栽種的，樹齡大約超過二十年。我們剛搬家住進時，任由這幾棵叫不出名字的果樹自由自在的生長，沒時間去研究它。

九月初，居然有綠色小果子掛滿枝頭。有圓形和橢圓形兩種不同的形狀，葉子較臺灣產的芭樂小，顏色略綠，沒有番石榴的味道。果子十一月時成熟，大小像乒乓球，軟軟的，聞起來有鳳梨和番石榴混合的芳香味道。我從未見過這種水果，不知是不是可以吃？又是如何吃法？

有一天，在美國超市水果攤位上看到這種果實。從包裝盒上的標籤，知道它的學名叫 Guava。一看標價一磅要四塊九毛九分，老中的超市從沒賣過這種果實，才知是奇貨。我知道洛杉磯或聖地牙哥有人種珍珠芭樂或泰國芭樂，但很少人種鳳梨番石榴。

知道學名後，上網查資料。它是屬於澳洲和南美洲的水果，名叫 Pineapple Guava。終年常綠，全日需要陽光，不必澆太多的水。春末夏初開出紅白相間的花朵，鮮紅的花蕊呈放射狀，紅花綠葉，色彩鮮豔奪人眼目，遠遠望去，一片火紅，真是美麗。成熟的水果，外皮呈綠色，食用時先洗淨，用刀子

把它橫切成半，用小茶匙挖出果肉來吃。丟棄酸澀的果皮。

果肉狀似果凍，味鮮美酸甜可口，含有很多維他命 C，是外子最喜愛的水果。因為每年收成少，更視如寶。

感謝前屋主栽種這麼珍奇的果樹，讓我們有口福享受不同口味的芭樂，又能從中學到 Guava 果樹的四季變化和生長過程，增長不少知識，受益不盡。

每年冬天一過，就等著春天快快來，期望滿樹的花兒朵朵開；秋天到了，急著等它果熟。日子裡充滿著一連串的期盼與等待，平淡的生活有了寄望，多了不少的希望與活力，蒔花種果讓人生更有樂趣。

(本文刊於 07/27/2007 世界日報家園版)

四體連嬰

去年深秋有一天，外子神秘兮兮的送我一份禮物，打開一看，原來是一粒四體相連的柿子。形狀奇特宛如一朵花，世界上再也找不到第二粒，這真是花錢也買不到的珍品。

不知是去年春天下太多雨，還是另有其他原因，我家後院的柿子結得特別多，果實都小小的，但『籽』特多。有的柿果竟然有八粒種子，成放射狀排列，還結出變體的柿果，讓我們嘖嘖稱奇。

這棵柿子，已經有十八年的樹齡。剛買時，只有籬笆高，經過這麼多年的發枝散葉，已長成粗壯的老樹。纍纍成串的果實，除了滿足我們的口慾，物換星移，數十寒暑，它也提供我們不少生活的體驗。

秋末枯葉飄落滿地，寒冬裸露光禿的枝幹，似宴會後人去樓空的景象，有一股淒涼的感傷。

大地春回又吐綠發芽，充滿新意。一朵朵的綠色小花，滿樹開放，彷彿嗅到生命的喜悅；經過陽光雨水的滋潤，生氣蓬勃旁若無人的伸展，充滿活力。

入秋纍纍成串的果子掛在枝頭上，由綠轉橘紅，

像數不盡的紅燈籠高高掛，松鼠和藍鳥也來湊熱
鬧，一場盛宴就登場了，豐收與快樂溢滿臉上。這
一切的一切…不就是人生的寫照？

　　栽花種果，像照顧一個生命一樣神聖，它回報你
的是無止境的歡樂。讓我們一起尋找人生喜樂的源
頭。

(本文刊於 02/09/2007 世界日報家園版)

佛手

聖誕節前，我們去莫干山的蘭園買花。發現園裡有幾株以前從未見過的果樹，樹上掛著一粒果子，狀似合掌手指頭，果皮是小顆粒的檸檬皮，裡白外紅的小花正開著。再看盆子上的貼紙，標的果樹名是 Buddha's hand lemon。

蘭園女主人告訴我：「那是佛手，用來拜佛的，受到很多人的喜愛。」左看右看，猶豫不決。蘭園女主人大力推銷，保證買下來不會後悔。我們是蘭園的常客，跟這位蘭園女主人已是熟朋友，當然知道她不會騙我們。喜愛花草果樹，就像愛買書一樣，如果看上了，不買會有失落感。外子看我舉棋不定，也極力遊說。怕我今天不買下，改天後悔又吵著回來買它。我心裡想什麼，他已經摸得一清二楚，早把我看穿了。最後我還是被說服，把它打包上了車。

果樹搬回家後，我開始上網查資料：佛手又稱佛手柑，原產地是印度，屬於柑橘類，是常綠灌木，高可達八至十二呎。成果期在秋天，果形奇特，分裂如拳或張開如指，如佛祖觀音玉手因而稱它是佛手。果子剛長出時呈綠色，成熟後轉橙黃色，香脆甘甜，除生食也可拌沙拉。花、葉和果提供藥用外，也能提煉香精油，是室內擺飾的觀果奇品。

佛手除了觀賞外，還有這麼多用途，真是喜出望外，如獲至寶。趕緊打電話給姊姊和妹妹，讓她們一起分享我的喜悅。她們聽完我的描述後大笑，說我大驚小怪！她們早就看過佛手。也許我離開台灣太久，井底之蛙，還當寶來獻！真的是孤陋寡聞。

不過多認識一種果樹，增長園藝知識，就是我最大的收穫。看上它，把它帶回家，也是一種緣分吧！外子說：「喜歡就好！」

(本文刊於 01/22/2008 世界日報家園版)

鼠尾草

　　一個雨後的早晨，外子和我到附近的小山丘去散步。回程被路旁一家園藝造景的流水聲及優雅的設計所吸引，停下腳步駐足觀賞。無意間抬頭看到有幾叢紅白相間的小花朵，在大石頭後方迎風招展，煞是好看。走近一瞧，懸掛在細小枝頭上的花兒，像飛鳥棲息在其間，神奇得令人驚嘆！

　　我們趕緊回家取相機把它拍下來，這麼美的花，可惜店員不知道它的學名，但同意讓我們摘下一些花朵，去苗圃查詢。苗圃諮詢處的女士，看了我們手上的花朵，寫下花名：Salvia (Hot Lips) 給我們。

　　上網一查，才知它叫鼠尾草。這麼美的花朵，怎麼卻成了草又是鼠尾呢？有些悵然。應該有更美的名字配它才能相得益彰。鼠尾草開花期由夏天到初冬，最常見的顏色是紅色、粉紅、白色及紅白相間。鼠尾草花姿優美，像翩翩展裙起舞的彩鳥，讓人想多看幾眼。

　　鼠尾草有很多種，顏色花型也各異。我們看到的是 Microphylla，屬唇科族。是多年生常綠草本植物，枝葉繁茂，需日照及通風良好。葉片細小呈深綠色且富芳香，可用來調味及藥用，是美化庭園觀賞的最佳植物；美國加州、德州和墨西哥都能看到這種美麗的鼠尾草。

自然界有許多讓人驚羨的奇花異草，只因人們行色匆匆而遺漏了許多美景。若能放慢腳步，駐足歇息，觀天賞地，沿途將會有絢爛繽紛的花朵，陪您一路行去，活出驚喜人生。

(本文已刊於 04/24/2008 世界日報家園版)

酢漿草

　　每年的冬天下過幾陣雨後，清晨打開前後院的門，你會發覺一夜之間庭院長滿了酢漿草。花朵有閉目沈睡的，有綻放迎朝陽的；粉嫩鵝黃的小花，讓蕭瑟的寒冬添上一份清爽的裝扮，掃去多日綿綿細雨的陰霾。

　　酢漿草是多年生匍匐性草本植物，花的顏色有黃色、粉紫色、粉紅色及白色，繖形花序呈五瓣。在加州最常見的是黃色酢漿草，屬野生的居多。酢漿草常成群繁衍，自生於原野或路旁；把大地織上黃錦，一大片一大片黃澄澄的，滿山遍野真是美麗。

　　如果仔細觀察，每種植物都有它的特性。酢漿草若沒有陽光的照射，清晨及太陽西下時，小葉下垂，花朵捲起如小喇叭狀，閉目休息。日照時，朵朵綻放，爭先恐後地大展歡顏，像是要趕赴嘉年華會的歡欣，此時最是熱鬧的時刻。

　　酢漿草雖是雜草，卻不惹人厭。三枚心形小葉併成翠綠葉片，姿態優美且秀氣，纖細柔弱，令人憐惜且不忍拔除；既不礙眼，就讓它恣意的繁衍吧！酢漿草自會在炎熱的夏日消蹤滅跡的去冬眠，何需刻意去拔除剝奪了它生存的空間。

　　只要有空地和雨水的滋潤，酢漿草就能展現奮力

求生的毅力。一草、一花、一天地，酢漿草對我而言，不再是柔弱的雜草而是旺盛的活力。我們更不該妄自菲薄，應珍惜自己的生命，活得有意義。

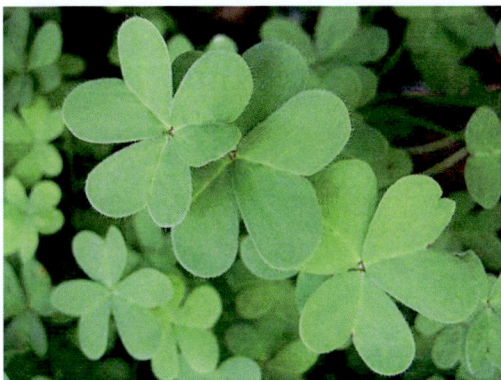

(本文刊於 05/08/2008 世界日報家園版)

秋海棠

　　屋後陽台下有一塊空地，正煩惱著不知種什麼花，才能讓整個庭園花團錦簇。誰知外子手腳真快，一下子就從苗圃搬回了一大堆花苗，說是多年生的秋海棠。花小梗細，一點都不起眼。也許栽種位置不對，整個夏日奄奄一息，是年冬天幾陣寒霜後，全部凍死。秋海棠並沒有留給我優雅怡人的感覺，只知用了不少水澆灌它。

　　次年南下聖地牙哥看花展時，目光被懸掛著的兩盆層次分明的秋海棠吸引住，姊姊買下它，並把一盆贈給我。把花從聖地牙哥帶回灣區，車內雖有冷氣，但是仍有點悶熱，眼見花莖都凋萎垂落，心疼不已。多虧外子悉心照料，不但把它救活了，至今仍綠意盎然。姊姊的那一盆秋海棠，卻在一次度假

外出多日，疏於照顧而香消玉殞，令她難過又惋惜。

我們在聖地牙哥花展買下的秋海棠，原產地在南美。是一種才研發出來的新品種，怪不得遍尋多家苗圃，也不見其芳蹤。我剪下莖梗把它浸在水裡，試著用插枝的方法，希望它們能長根回送一盆嫵媚動人的秋海棠給姊姊。幾次嘗試都沒成功，甚是失望。

今年初春，那盆秋海棠開始長出小株新苗。外子深怕我又會折損花苗，不肯讓我挖出試種。我趁外子不注意時偷偷的挖走兩棵小苗種在盆裡，擺在樹蔭下，以為人不知鬼不覺的竊喜著。可是仍被眼尖的外子逮到，我只好裝傻笑不認帳。外子見到長得翠綠的秋海棠，除了笑一笑，也不忍苛責。等花開時，姊姊一定會很驚喜的收到這份禮物。

逛過多家苗圃之後，才知道自己是園藝的門外漢，錯看了秋海棠。其實它的品種繁多，因花與葉的各異而有著不同的名稱。不僅顏色多樣，花色艷麗且花形多姿，細賞之下，每種秋海棠都有各自的風采和韻味。

眾多的秋海棠中，我唯獨鍾愛新引進的秋海棠品種。葉綠呈鋸齒緣，莖肉質多且光滑脆嫩。花苞初

開時只見雙瓣微張，漸漸綻放成燦爛秀麗的傘花。花葉俱美，讓人百看不厭。

　　秋海棠喜陰涼，忌高溫。花期四月至十一月，盛開於夏季。除了供盆栽欣賞外，吊籃懸掛廳堂、陽台或走廊處，也可以摘下幾朵花兒讓它飄浮在玲瓏剔透的大玻璃花器中，很浪漫、很優雅地品賞它。

(本文刊於 07/07/2008 世界日報家園版)

麒麟菊

後院不知何時冒出幾串叫不出名字的植物，狹長的細葉子，青蔥翠綠，充滿旺盛的活力，不知是雜草？還是花兒？

因事外出，忙了一陣日子後，有一天繞到後院，居然發現它們從單立花莖抽出一長串淺紫紅色的小花苞，呈穗狀花序排列。枝挺葉茂，花苞慢慢向四方開展成散狀，花姿奇特且少見，好美的紫花，令人不多看幾眼也難。

查不出花名，又不知花種從何處來？正納悶著。有一天，姊姊來我們家，看到正盛開的一串串紫花，大叫：「咦！這花兒不是 Katy 家也有嗎？」哦！原來這些花是幾年前外甥女剛買房子後，大舉整頓後院，姊姊撿回來送給我的幾塊根莖，已經從土裏冒出，抽牙長莖又開花了。姊姊說：「這不是雜草，是插花的花材，叫秀線。」

秀線的學名是 Liatris spicata 屬菊科，一般統稱麒麟菊，別名馬尾花或利亞多利斯。花色有白色及淡紫紅色，盛開於夏秋兩季，花穗能持久不萎。枝葉枯黃後，開始冬眠。隔年春天再從塊根長出新葉。麒麟菊不必費太多時間照顧，又是插花的好材料，甚受花農喜愛。

喜見後院又多了一種新花材，想插花時，隨手剪下幾支麒麟菊，配上其他花兒，即可插上一盆色彩繽紛的鮮花，擺在餐桌或客廳， 室內頓生活力與高雅氣氛。無心插柳，柳成蔭，真是喜出望外，意外的收穫，更令人彌足珍惜。

(本文刊於 09/28/2008 世界日報家園版)

羅漢松

　　我家後院有三棵羅漢松，樹齡超過二十年，因它深植在籬笆旁，又被桃金孃和薔薇遮住，所以鮮少去關注。一直把它當成相思樹，卻不見結豆莢子，也就沒花心思，想給它正名。

　　去年五月，偶然看見其中的一株，長出圓柱狀簇生翠綠晶瑩的花莖，真像細長的白玉苦瓜，奇怪的是其他兩株，既無花也不見果。

　　十二月時，因枝葉旁竄，像亂髮般的四處伸長。外子決定幫它們理個門面，於是大刀闊斧把一些枝幹砍掉。哇！枝幹上竟有我們不曾見過的果子，真是大開眼界。這些相串連的小果子，綠果頭上串著不同的帽子；有黃、綠、橘、紅、紫。好奇的切開果肉，好像軟糖豆，QQ 的，看起來好像很好吃的樣子。

　　朋友告訴我們，葉子雖很相似，但它不是相思樹，應該是羅漢松。未曾聽過的名字，感覺上似乎樹與名不搭配。也許是我自己的慧根淺，左看右看就是瞧不出光頭和尚披著紅色袈裟的羅漢影子，腦子想著的盡是白玉苦瓜及軟糖豆。

　　羅漢松雌雄異株，我們看到翠綠晶瑩似白玉苦瓜的是雄株開出的花。 羅漢松是終年常綠喬木，葉

狹長互生，螺旋狀排列；樹姿優雅，一般都用來美化庭院或做為籬笆牆及盆栽觀賞用。

　　相處多年的羅漢松，一直錯認為相思樹，足見我們是多麼的無知與寡陋。它不像其他的果樹開出艷麗的花朵，也未結出可食的鮮果，因之被遺忘而不查覺。它雖然長期默默承受被冷落，依然自開自落，活得青蔥翠綠。使我深深體認：人也應如是活得堅強自在，不可自暴自棄，因無人賞視而凋萎。

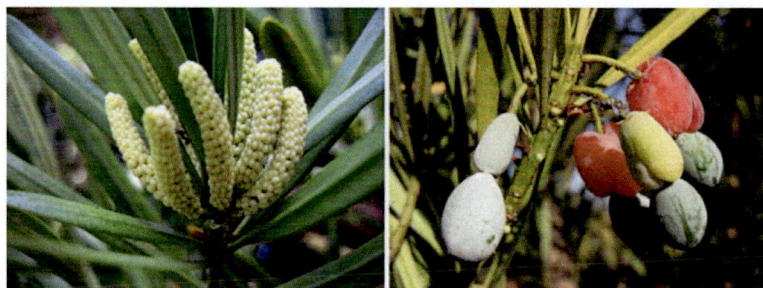

(本文刊於 03/19/2008 世界日報家園版)

我愛仙人掌

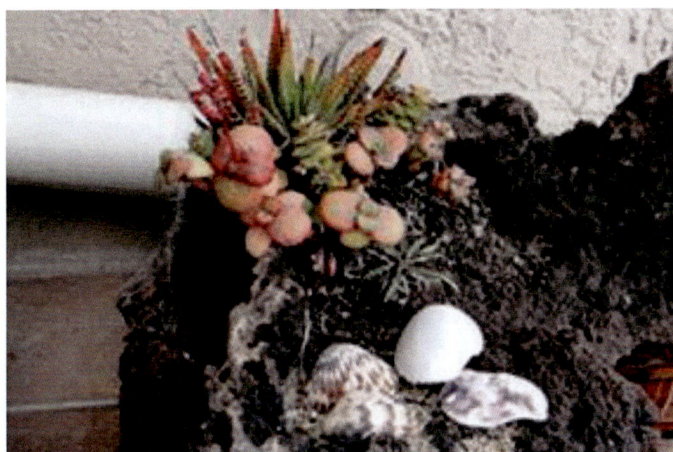

　　以前總認為仙人掌多刺，植株粗狀，對它並沒有好感。其實仙人掌還包括許多肉質植物，只是自己孤陋寡聞。

　　兩年前，我們南下聖地牙哥時，在外子同學家，看到他們的後院花架下，放置好多小巧可愛的仙人掌後，才驚嘆它原來也可以種得這麼美。

　　這些各色各樣小巧又翠綠的仙人掌，有的長在泳池邊的小礫石中，有的養在漂亮的瓷盤上，有的安置在花架下，或牆角邊…，有扁平的、球狀的、桶狀的、圓柱形的、長條形的、爬行狀的、針尖形的星狀形、有直立的、橫躺的、井然有序，很潔淨很清爽，綠意盎然又開著花，生命力很旺盛。

小石頭好奇的問：別的花都沒種，為什麼只想種仙人掌？他們夫婦聽後大笑不止：「因退休後經常出去旅遊，一趟遠門回來沒人澆花又疏於照顧，花兒不是枯萎就是香消玉殞，令人惋惜也覺抱憾。」於是開始改種耐乾旱的仙人掌，既可省水又不必掛心，也容易照顧。就這樣慢慢的種出興趣來，看到喜歡的仙人掌就會忍不住搬回家種，才有今天的仙人掌庭院。真的是：「有心栽花花不開，無心插柳柳成蔭」。

小石頭看了那飽滿圓潤的多肉植物，也慢慢喜歡。每次去苗圃就會去看看有什麼奇特沒見過的新品種出來了，有中意的也會買二、三小盆帶回家，滿足自己的愛好。

別小看它的植株小，價錢其實是滿貴的。有些裝在漂亮的花器上，經過安排及組合，就成了物超所值送人的美麗盆栽。加州近幾年乾旱，仙人掌之類的植物不需太多的水，所以漸漸成了庭院的寵兒。也許買的人越來越多，各苗圃肉質植物越賣越俏。

買一盆心愛的植物放在窗台上，就可以天天欣賞，怡情悅目，幸福滿滿。

小石頭最近也跟著瘋買仙人掌，種類一多，試著買不同的盆自己來組合，種了幾盆送給朋友，大家高興自己也有成就感。蒔花種草不僅是一種樂趣，也是增進友情的好方法。

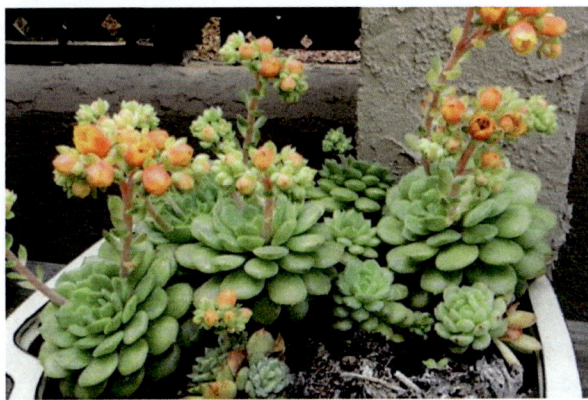

（本文刊於 05/15/2016 老中報）

野花的派對

　　上週六，天氣特別晴朗，三五好友相約午後去遊海邊。原打算去 Point Lobos Reserve 的捕鯨灣，但人滿為患，找不到停車位，只好繼續往南開去。

　　車子開在蜿蜒崎嶇的路上，浩瀚湛藍的大海，連綿不盡蔥郁的青山，盡收眼底。時而懸崖峭壁，時而怪石嶙峋，還有交錯其間的美麗大沙灘，讓你一路歡呼又驚喜。

　　沒想到離 1 號公路旁不遠處的海邊，發現一大片花海。很多花兒開在山坡上、低窪處及岩石上，美如世外桃源，令人屏息靜氣大聲驚呼：好美喲！一座天然的花園，就像春天的野花盛宴正在登場。

　　除了美麗的海岸線，拍打的浪花，沿途的野花頻頻的向我們招手。於是我們循著岸邊一路追著野花

的芳蹤，走著走著……越走花越多，向四野一望不知不覺的入了花叢，一片繽紛美得目不暇給。每個角度都美，卻叫不出花名。

這些野花吸取大自然的精華，依偎著大地，和大地一起迎春風、過溽暑、經秋霜、過寒冬。不因無人澆灌而自棄，奮力生存，竟也開得如此燦爛，活得恬淡自在又謙卑，令人訝異造物的神奇與偉大。除了不可思議，讓人欣喜又感恩。

看山、觀海、賞野花，輕鬆半日遊，沈醉在花叢中，真是視覺的一大饗宴，心中溢滿幸福。愛野花、拍攝野花已成為我們生活中的樂趣，希望大家也喜歡。目前野花正盛開，請莫錯過花期。

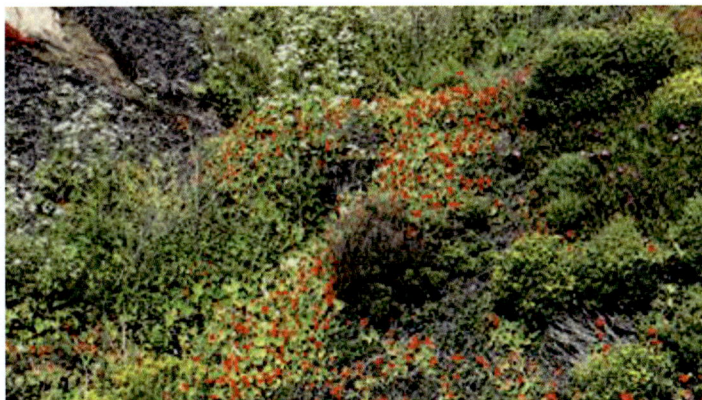

(本文刊於 07/01/2012 老中報)

悠閒天地

自由飛翔
　海闊天空
　　任你遨遊

斑鳩

一九九九年，我們的房子經過拆建及整修，裏裏外外煥然一新，像是住進了新家。次年二月，我們外出回來，發現前廊屋簷下的石板上，散落著零亂的枯枝和羽毛。正納悶時，抬頭一看，屋簷圓柱旁的空處堆置了稀稀疏疏的雜草和枯枝，一看即知是個簡陋粗糙的鳥巢。

來者是客，總該給個像樣的家。於是外子找來梯子及一個陶製花盆底盤，登上了梯子，把枯枝雜草裝入陶盤，再放回原處，另外又添置一個塑膠盤，裝些五穀雜糧固定在鳥巢旁。

「窩」有了，可是我們卻不知道是什麼樣的客人要來住？次晨，我們由家裡書房的玻璃窗，看到了一對斑鳩窩在巢內。轉動著晶亮的眼珠，安靜的掃視身處的環境，真是可愛。我們全家人不自禁地喜歡

上這對斑鳩，於是開始注意牠們的作息。怕驚動這對斑鳩，外子小心翼翼的為牠們拍下成長過程。

這對斑鳩的體型，大小差不多，尾毛比一般鳥長些。斑鳩頭小，有一對晶亮的黑眼珠，框著一圈淺藍色的眼眶，長著一張短又尖的嘴，身披著灰褐色的羽毛，尾部間雜黑白色塊狀黑點，腳踩著紅色小尖鞋，呼叫著平和不尖銳的咕咕之聲。有時雙雙靜靜的窩在巢裏，有時又一起離巢而出。牠們經常在前院的草地上，優閒的踱方步。天熱時，躲在屋前的松枝上，乘涼或打盹。更多的時間是雌鳩和雄鳩輪流窩在巢內守著蛋，怕被偷襲，不肯出門。過後幾天，雛鳥破殼而出，只見孵出兩隻小斑鳩。

剛出生的小鳥，張著嘴嗷嗷待哺。雄鳥和雌鳥天天忙進又忙出，到處找食物。輪流著把食物從嘴裏吐出再餵食小鳩，直到它們能飛。等小鳩羽毛長全了，由巢內慢慢的移步，先停歇在橫樑上，再由雄鳩和雌鳩帶離巢到草地上覓食和試飛。幾天之後，其中一隻已經飛離了，膽小的一隻仍躊躇的愣在原地落了單，第二天才飛走。

由觀察而知，二月飛來住宿，九月離巢而去。這期間會產下幾次小鳥，經過餵食及試飛後，不久小鳥即離巢而去，未見小鳥再回來過，不知飛向何方？年年如此，至今已有六載。這對斑鳩似乎有記

憶，每年都會回來報到。習慣了我家的作息，成了我們不必語言溝通的朋友。

　　簡單的鳥巢，一身不必換裝的羽毛，與世無爭，鶼鰈情深，來去自如的快樂，真是世間仙侶。讓我們學到：簡單就是幸福。

(本文刊於 11/12/2006 世界日報家園版)

從新得力的老鷹

所有鳥類中，從小就不喜歡老鷹。尤其親眼目睹老鷹低空飛下抓小雞的慘狀，留下極不好的印象，總認為它們很強悍、兇猛。長大後又常見牠們撿食腐肉或殘餚為食，感覺上是既髒又具攻擊性的禽類。

年初開學典禮，聽到孫校長以「從新得力」為講題，借用老鷹突破困境再創生命力的故事，勸勉在座的學員，不要以為年歲大了，就失去對生命的期盼，以為人生到此就不再努力、不再嘗試，每天茫然度過餘生。故事內容給了我很深的啟示，並警惕自己時時要有努力不懈的鬥志。

老鷹的壽命，可以活到 70 歲。但在 40 歲時，上喙已長到向下回鉤，下喙變得又長又彎，幾乎碰到胸膛，取食不易。爪子開始老化，無法抓住獵物。羽毛越來越厚，變得十分笨重，飛翔更加吃力，老態龍鍾不再威猛。在此困境中，除了等死之外，必須設法去除老化的部位，才有活下去的契機。

老鷹會飛到山頂上的絕崖峭壁，另築一個特別的巢，在那裡獨自過著一段痛苦的更生過程。老鷹必須以鳥喙擊打岩石，直到完全脫落，再靜靜等到新喙長出，用新喙拔出原來的爪子。新爪子長出後，又把身上既厚且密的老毛一一拔掉。為期約五個月的孤單、痛楚，所受的苦難真是無法筆擬，才又換來 30 年展翅高飛的歲月。

　　老鷹的毅力、決心及勇氣給了我很大的震撼。試想多少人願意連根拔起舊習慣、丟棄原有的包袱，經歷一段生不如死的折磨，打出一條活路。有時危機也是轉機，一扇門被關了，也許又有另一扇門為你而開。只要不放棄，肯上進與進修，努力尋求出一條路來，人生永遠也就沒絕望。

　　整個故事，讓我對老鷹的印象完全改觀。不再以自己的好惡判牠入罪。老鷹的「從新得力」，讓我領悟到：付出代價，必能創造自己的機運。

　　由老鷹的故事，不知不覺中低哼出秘魯民謠「老鷹之歌」，整首歌詞表達昂然想飛滄桑的淒美，令人泫然欲泣。原來自己對老鷹的認知是如此膚淺，卻不知它有另一面令人敬佩的毅力與勇氣，我真是以管窺天。

（本文刊於 05/18/2009 世界日報家園版）

雪鵝過冬

　　2010 年 12 月朋友隨旅遊團去 Gridley 鎮，觀賞野生候鳥。照片上有好多水禽棲息在淹滿水的休耕農田裏覓食，尤其成千上萬的雪鵝飛來過冬的盛況非常的壯觀。這些景色引起小石頭的好奇，心裏盤算著什麼時候可以跟外子開車去看看，但總因工作忙，而耽擱下來。

　　今年 10 月 11 日，我們利用空檔時間，前往 Gridley 的 Gray Lodge 野生動物保護區想去看雪鵝。我們似乎來得太早了，雪鵝還沒飛過來。沼澤濕地上連一隻雪鵝都看不到，全是水鴨、雁子、和美洲黑鴨 (American Coots)，真是大失所望。為了實現能親眼目睹雪鵝群聚的盛況， 11 月 26 日我們再次來到 Gray Lodge 野生動物保護區。

　　一進保護區入口處，就看到好多 RV 停在車場。

繼續往前開到 #14 停車場，已有四、五部車子捷足先登了。下了車，從四處傳來呱呱的鵝叫聲，好吵好熱鬧。哇！今天來對了時機，真是興奮。

我們開車沿著專為觀鳥用的三哩車道(3 Mile Auto Loop) 去看雪鵝。依照規定遊客只能坐在車內觀賞鳥類，禁止下車拍照，以免驚擾這些野生動物。我們只好搖下車窗，慢慢開著車，邊觀賞邊拍照。沿途鵝叫聲不停，像愛吵的小孩子一樣，聒噪聲不斷。視野遼闊，成千上萬的雪鵝分佈在各處沼澤濕地，密密麻麻群聚一起。有排排站的、有四處游來游去的…仔細看，有蹲的、有站的、有彎脖向左、右扭的、也有縮脖的、有清理羽毛的…千姿百態，非常可愛。

望遠一瞧，白點一簇簇，有些水鴨小鳥混雜其間，不停息的傳來陣陣呱叫聲，整個池子熱鬧極了！像一場野宴正在上演。這些雪鵝稍有一點小動靜就會受到驚擾，群起一散而飛走，展翅高飛盤旋在田野上空。那聲勢和呼叫聲，真是令人震懾，若不親臨其境，真的無法想像它的壯觀。一剎那間，整個水塘變得空盪盪，不見雪鵝蹤跡，有人去樓空的惆悵，令人噓唏不已。這樣的戲碼不知一天要上演幾次？這些雪鵝就在此過冬，不停的換著上演的舞臺，吸引更多的遊客來此一遊。

Gray Lodge Wildlife Area 位於薩加緬度以北大約 60 英里處，有 9100 英畝的面積，周圍環繞著數英里豐富的農業土地及淡水沼澤，包括超過 80 英里的公路和 50 多英里的徒步和騎自行車的砂礫步道。保護區的水禽有 60%是沿太平洋的遷徙路線而來的，20%的水禽是從加州的中央谷飛來此過冬的。這裏成了水禽的庇護所也是野生動物的天堂。

雪鵝 (Snow Goose) 全身羽毛潔白，翼角參雜著黑色，有張扁平的紅嘴，脖子比其他的雁類稍短。喜群居，有遷徙的習性。飛行時翅膀不停的用力拍打，有秩序的排成一字形或人字形。以水生植物的嫩葉、草莖、果實、種子、及農田穀物為食，分佈範圍很廣。

這裏是老少咸宜欣賞自然生態景觀的好去處，也是攝影者和喜愛野生動物者的最愛。12 月至 2 月是最佳賞雪鵝期，舊金山及灣區的朋友，請勿錯過觀賞的好時機。

(本文刊於 02/ 01/2013 老中報)

美麗的水鳥 - 白鷺鷥

　　小時候，在台灣鄉間田野見到的水禽很多，而白鷺鷥是我最喜歡的水鳥。它一身潔白，長嘴、S 型長頸、長腳，身材修長，身影漂亮極了。很遺憾的只能遠遠的欣賞。

　　來了美國之後，在芝加哥那幾年，幾乎沒見過白鷺鷥的蹤影。直到搬來加州 San Jose 附近，在沼澤地、濕地、公園湖泊中，又見到白鷺鷥，真是驚喜。這次在 Redwood City 卻拍到好多隻白鷺鷥，更是興奮不已。

　　白鷺鷥是非常美麗的水鳥，喜歡棲息在湖泊、沼澤地和潮濕的郊野，在水邊樹林或灌木叢中築巢，常密集成群，在沼澤地或溪流水中覓食。

白鷺鷥天生麗質又優雅，在文人的眼光中除了姿態美，羽毛白淨，連其飛行、佇立、睡姿皆美，受到古代文人的賞識，成為詩詞及入畫的題材。以鷺鷥為題的詩作很多，但小石頭最欣賞的是劉禹錫的這首白鷺兒。

　　　　白鷺兒，最高格，毛衣新成雪不敵，
　　　　眾禽喧呼獨凝寂。
　　　　孤眠芊芊草，久立潺潺石。
　　　　前山正無雲，飛去入遙碧。

　　詩中：白鷺鷥的純白無瑕，高尚品格，在眾禽的喧囂中保持沉寂，不隨聲附和。孤獨宿在荒郊的野草之間，久立在潺潺泉水的石上，特然獨立、堅貞不屈。當前山煙霧消散時，它展翅高飛於遼闊的碧空。以白鷺鷥比喻君子的高尚情操，道盡了唐朝詩人劉禹錫對白鷺鷥至高無尚推崇的寫照。

　　時值寒冬，正是拍攝水鳥的最佳時機，喜歡各種水鳥的朋友，不妨走到戶外去運動又可飽覽水禽群聚的奇景。

（本文刊於 01/15/2017 老中報）

捷足先登的松鼠

以前看到松鼠，總覺得它毛茸茸的尾巴很可愛，喜歡捕捉它靈活的身影。隨它在自家後院、樹頂、泳池邊蹦跳、竄行，只要它不犯我，也就相安無事。

沒想到一直和平共處的松鼠，意然作起怪來。原以為只吃堅果的松鼠，在柿子剛轉黃未十分熟時，已經等不及了每天開始試吃，把後院的柿子及鳳梨芭樂啃掉不少。慢慢的也視柿子及鳳梨芭樂為珍品，食髓知味天天來光顧。

每天清晨，小石頭總會到後院繞一圈，卻發現陽臺桌上、泳池的大石頭上、木架上…似乎在夜晚裏搬演著不同的戲碼，令人哭笑不得的場景經常出現。

天天發現掛在樹枝上的柿子每粒都被咬，專挑它喜歡的咬一口，又另挑別的再啃，從沒見過它吃完整個柿子，真氣得令人跺腳。此情此景才覺得這些松鼠不再可愛，甚至有些討厭。

也不知是幾隻松鼠的傑作，更不清楚是夜晚或清晨來偷食。來偷吃也就算了，竟然大擺姿態，公然把柿子、鳳梨芭樂搬到陽台的桌上、泳池乾淨的石塊上、木架上舒適的地方；享受起甜柿及鳳梨芭樂的美味。把果肉啃得乾乾淨淨後，留下殘皮拍拍屁股走掉了。偷吃也不擦嘴，就是要讓主人知道它們來飽食過，剩下殘羹就請您們自己收拾吧！真是又好氣又好笑。

以前這些松鼠都沒有這麼囂張，什麼原因讓它們如此張狂？也許因為我們沒有做任行防犯的陷阱，讓這些松鼠看穿我們不想與它們互相爭果實，才得寸進尺。朋友建議在果樹上架網，掛上閃亮的碟片、或設置感應燈來嚇它們。但我們不想找麻煩，更不願破壞後院的美景，只好妥協。讓步的後果，就是松鼠們樂開懷隨心所欲，欺負到您頭上來了。

吃不完的果實一起分享，是我們的愛心，但也要客氣，吃得有分寸才對。像這麼張狂的製造垃圾，給主人增加麻煩，真的是太不可愛了，也惹人嫌。

也許這些松鼠已知道主人不高興，白天都不見影兒
不知躲到哪兒去了。

　　吃過我家柿子的朋友，都讚為極品。可惜今年果
子收成不好，加上松鼠作怪，沒法像往年把我家好
吃的水果，拿來當公關分送親友。一年的期盼就此
落空了

　　這個家我們住了三十多年，第一次發現松鼠的惡
行惡狀，特為文記上一筆。

(本文刊於 11/15/2017 老中報)

懷念感恩

遇到人生中的貴人時
要記得好好感激
因為他是你
人生的轉折點

陳年舊事

　　1969 年 10 月，我辭去教了九年的教師職位。拎著簡單的行李，帶著兩歲半的兒子，搭機離開臺灣，千里迢迢萬里尋夫，來到芝加哥依親生活。

　　當時唯一的收入是外子微薄的獎學金，一家三口只能省吃儉用。眼見存款漸漸短少，心裏開始恐慌，無法想像節衣縮食的日子怎麼過？原以為一家人能在一起，就是最大的幸福與快樂。天天盼望著早日相聚，卻天真的沒考慮到現實生活的壓力是什麼樣子！常自問：來美國是不是做對了最好的決定？

　　賦閒在家，很不習慣不上班的日子。自從把兒子送去救世軍辦的幼稚園上學後，我開始迫不及待的想要出去工作。打字不會，燙髮美容沒學過，從小養尊處優不做家事，如何去餐館端盤洗菜？加上語言能力不行，一無用處，不能文也不能武，有虎落平陽的困頓。

　　外子安慰我：「不要著急，先適應一下新環境。」冬眠養足精神和體力，明年再說吧！於是外子利用週末帶我們去郊外賞楓紅，到市區去逛號稱美國第二大的城市。上高速公路享受它的快速與便捷，到超市購物，琳瑯滿目整齊又乾淨的食物，排列有序一應俱全，真的嘆為觀止。驗正了美國的地

大物博及先進。處處充滿新鮮又好奇，簡直像劉姥姥進了大觀園。初來乍到先熟悉環境為先，找工作只好暫緩。

送走了寒冬，終於露出了曙光。在住家附近找到了印刷所的工作，約好第二天去上班。一陣子歡喜後，開始擔心明天上班時，聽不懂別人的話如何應付？外子說：「試試看！一定可以應付的，不必怕，大不了再找別家公司」。有外子的鼓勵，心理的不安去掉了大半。

這是一家專門承辦印刷的公司，老闆是意大利人。廠房靠近中國城，共有兩層樓：員工十來人，大半員工是意大利人，我是唯一的東方面孔。同是外來的移民，有著共同的奮鬥目標，大家一起工作，沒有歧視也見不到勾心鬥角，大家只想好好工作多賺點錢，心態上很單純。

第一天，學會上下班一定要打卡，否則拿不到工資，遲到早退會扣工錢。然後每天的工作，由一位女工頭指定，不能自己挑選工作。內容有糊紙、摺公文、裝信、把書頁裝訂成冊、整理廣告彩色紙、和操作印刷機。

工作看起來很簡單，但偶爾分心也會出錯。例如漿糊塗不均勻，落掉書頁或重複張數或顛倒裝置等

等的小疏忽。印刷所給的工資低，也沒醫療保險，更沒有福利制度。每天八小時站著工作，除了早上十分鐘喝咖啡，中午三十分鐘午餐，下午沒有休息時間，直到下班才歇手。

　　整天下來，累癱了！回到家已經精疲力盡，無法做晚餐。硬撐著疲憊的身體，跪到椅子上洗米切菜，舒緩酸痛的雙腳。強忍住淚水，感嘆賺錢不易，告訴自己不能被打敗，更不許打退堂鼓，這只是暫時的打工。這份工作雖辛苦但精神上卻很踏實，至少我有能力分擔家計。一想到美金 1 元可兌換台幣 40 元，精神就很振奮。

　　第一次打工，只做了一個月。不是公司關門也不是被炒魷魚，我的朋友馮麗婉幫我在郊區找到一份較好的工作。不管如何，我仍然很感謝這位意大利老闆給我來美國的第一份工作，他給我勇氣與信心。讓我在美國職場上踏出了一大步，除了感念還有感恩。第一份打工的經歷，仍深印腦中。

（本文刊於 10/12/2013 親子盒子四季園部落格）

尋親

那年，大姊隨美西團旅遊後，留下來在我家住了一陣子。姊妹多年不見面，自有說不完的話題。大姊說：「你可能不知道我們有親戚在小琉球，他們來認過親了。」她說得認真，我聽得一頭霧水，怎麼可能？祖母已經逝世好多年，哪裡冒出來的親人。可是大姊的表情不像在騙我，我搔頭苦思，找不到頭緒。

祖母給我的印象總是挽髻插簪，腳踩著三寸金蓮。她外表優雅，做事卻乾淨俐落，威嚴有加。也許是祖父的早逝造就了祖母獨當一面的能耐，她跟別人的奶奶們不一樣，是見過世面、經過大風大浪的長者。在我十五歲那年，她因心臟衰竭，走完了七十九年的人生歲月。

一九六九年隨著留學熱潮，我跟著外子離開了台灣，就此在美國定居下來。有關祖母的軼事及家人的消息，大多從大姊和二姊往來的信件中得知。有親戚來認親，讓我半信半疑，像天方夜譚難以相信它的真實性。

去年三月初，外子和我回台灣探親。為了解開心中的謎團，即使是怕風浪又暈船的我，也要親自走一趟小琉球，去拜訪大姊口中所說的親人。在小島上，我們見到了八十多歲的二嫂和她的媳婦，後來

陸續又趕來不少我們沒見過面的親人。他們都很熱情，大家一見如故。

二嫂打開話匣子娓娓道來：「曾姓在島上以前是大家族，幾乎整條街住的都是自己的親戚。你祖父和祖母結婚後，離開小島到東港定居。當時的交通和資訊沒有像現在這麼發達，往來於小島不是那麼容易。接著你們又陸續搬了幾次家，從此像斷線的風箏失去聯絡，了無訊息。」

大家靜靜的圍坐在二嫂身邊，時光像倒帶，聽她老人家慢慢訴說過往的回憶：「有一陣子族人很不平順，遠洋漁船出事、家裡違和、生活失序、亂了腳步。當時族裡常有人夢見一位老婆婆，徘徊門外踱步，不得其門而入，甚是納悶！大家都不知道這個「夢」到底是怎麼一回事？後來經神明指點迷津，才知道「祖母被門神所拒，進不了曾家大門」。為了族人的平順，因此大家決定到本島尋親，並迎回你祖母的牌位。

幾經輾轉追尋與查問，終於找到大哥及大姊的家。失散三十多年的親人才再次團聚，也了卻了一樁祖母歸宗認祖的心願。從此族人平安，生意蒸蒸日上，因而有財力把房子翻新，開設私人機車出租店，還買進兩艘遠洋漁船。部分家人移民到哥斯大黎加，在當地做遠洋漁業，事業有成。

親聞二嫂的敘述，也見證了大姊所言不假，不再疑為天方夜譚，也非瞎掰的故事情節。整個事件神奇得讓人不得不相信冥冥之中祖母從中牽引著我們，才使失散多年的親人再聚。因此，我們更感念祖母，她老人家的軼事將成為我們曾家子孫後代的美談。

(本文刊於 08/01/2008 世界日報家園版)

秘書工作甘苦談

生性內向，不喜歡人多的自己，從來沒想過要加入社區的團體活動，秘書工作更不在我的人生規劃裡。在不預期中與毫無準備的情況下，意外的當上了秘書。一頭栽了進去，竟然連任做四年，中間連喘口氣休息的時間也沒有。其中的甘苦並不為外人所知。

2006 年退休後，為排遣一下子多出來的空閒時間，自己琢磨寫文章投稿，同時也加入長輩會的書法班。在藍文華前會長的介紹下，成了長輩會的永久會員，開始了我人生中另一段不同的學習與成長。

只因在世界日報家園版刊登過文章，加上與第 21 任會長陳秋月在 Solectron 有八年同事之誼，被認定我可以寫、可以幫忙策劃文書的工作；適合做她的搭檔，就這樣被抓來當義工。外子和兒子不反對我參加社團活動，但不同意我接手秘書工作，認為我電腦技術不純熟又深知我的個性，怕苦了我。因為我會把這工作當做生活的重心，而忽略了家庭。退休後本該相偕去遊山玩水。怎又被事務束縛！所以聲明在先：不會幫忙。但基於同事又是上司的情誼，我無法推辭。不顧家人反對，硬著頭皮誠惶誠恐的接下這份工作。

秘書工作對我而言全然陌生，憑著微薄的文學涵養，並不足以承擔這份重任。秘書的工作又是一項繁瑣細密的工作，頭腦必須清楚，心思必須細膩，而我都不具備這些條件。但是生命在哪裏轉彎，你永遠不知道。我告訴自己：「路是人走出來的」，只要肯努力肯學習，必能克服萬難。

因此，我開始請教前輩。很幸運的在伯松兄熱誠的幫忙下，才知道長輩會例行工作及活動：要寫月刊、發開會通知、擬會議議案、整理會議記錄、編活動節目、理、監事選舉、每年四次慶祝活動的成果報告及編印長輩的生活智慧專輯......。

接手後，才知道隨時都在工作狀態中，甚至要熬夜看文稿，或為一張簡短信文絞盡腦汁而不可得。獨自坐立桌前苦戰是常有的事，真的可用「挫折」與「忙」來形容初接這份工作的窘態。只有在其他四次大會活動、旅遊、懇親會中，可以稍喘口氣，享受人多場面精彩又熱鬧的樂趣。

經歷過第一年的磨練後，有些資料慢慢建立了檔案，也摸清楚工作流程，不再手忙腳亂。尤其在錯誤中及外子耐心調教下學到更多電腦操作技巧，甚至開車單飛去快答接洽印刷事宜，人生也多了歷練。這些工作與忙碌皆是挑戰，讓我有多方面學習的機會，更充實與豐富了我的退休生活，有苦有甜

點滴在心頭。

在任期間，有緣與陳秋月前會長與現任李明珠會長共事，深深體會她們身為會長的責任以及辛苦經營的用心，我個人的忙就更不足掛齒了。感謝有人捧讀我們的月刊，也有會員把它裝訂起來，小小的鼓勵，讓編者感到溫暖又窩心，所有的苦都是值得的。同時也要感謝兩屆理監事及義工們的努力與熱誠支持，盡心為長輩會服務。

感念在財力及精神上默默付出的名譽會長陳文雄博士大力鼎助下，長輩會才能茁壯至今已滿三十年，成為灣區華人活動最多及最大的社團。也要謝謝所有長輩們給了我們揮灑的空間及表演的舞台。

沒有您們的參予與捧場，再多的熱也發不了光。我們以臺灣長輩會為榮，希望大家繼續加油，薪火相傳，點燃銀髮族的光輝與智慧，擁抱快樂與健康的美滿人生。

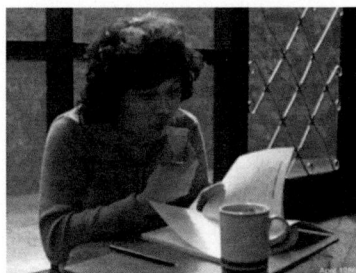

(本文刊於北加州臺灣長輩會 30 週年紀念特刊)

一張珍貴的卡片

這是一張珍藏了 30 年的卡片，一直留在我的小盒子裏。卡片不是名畫，也沒有特別漂亮，可是我卻視為珍寶。每次看到卡片上被肯定的字眼，就讓我深深地感念生命中的貴人- Solectron 電子公司的創始人 Winston Chen。因為他而改變了我人生的機遇。

1978 年，因先生工作的關係，我們舉家從芝加哥搬到了加州聖荷西。當時矽谷非常景氣，報紙上事求人的廣告天天登好幾大版，可惜卻沒有我容身之地。在芝加哥五年多的銲接經驗，派不上用場。在處處碰壁之後，1979 年 1 月我去 Solectron 電子公司應徵時，正好 Winston 給我面試。他從工作申請表上，得知我當過老師，二話不說就錄用了我。讓喜愛工作又內向的我，在我的人生道路上，有了重大的轉折及突破。

這是矽谷一家華人的電子公司，我的工作職稱是品管檢驗員。因做事認真，老闆讓我加入重要幹部培訓中心。因而有機會從基層員工而爬升到經理職位，真的要感謝公司及 Winston 重視在職員工的潛力。讓有能力的人有出頭天，這份惜才與愛心嘉惠了不少員工。

當時我的部門，承製 Convergent Technologies 公

司的外包工作，得到 Outstanding Achievement，所以
我也沾了部門的光，而得到殊榮。Winston 特地送
了一張卡片及一支 24 K 金筆做為獎勵我的努力。
這些陳年往事，很多人可能都忘了，但對我來說是
一件很大的鼓勵與榮耀。被肯定的喜悅與信賴，給
了我很大的自信心。

　　原本內向又怕人多的我，經過公司的培訓，讓我
日後在職場上能站穩腳步，發揮自己深耕的耐力。
即使換了公司他就，依然能在部門經理崗仁上持續
工作至退休，全歸功於在 Solectron 電子公司打下了
良好的根基。

　　從一個全然不同的領域換跑道，從頭開始學習電
子零件及藍圖。並一面學習如何去檢驗已完成的
PC board。每天要看電路板上的零件，多到上千上
萬。經常作夢自己被困在零件中而無法跳脫，方知
一行有一行不為人知的辛苦。幸好自己都克服過來

了。接著換了部門做電纜，隨著我的小組長我也升了職位，走上了管理階層。因自認先天條件不如人，所以特別努力工作，時時不忘充實自己。感謝我的上司陳秋月，如果沒有她的提拔，我可能也只是個一無所展默默無聞的普通職員。機會是別人給的，不把握住將稍縱即逝，因此特別珍惜與努力。

感謝 Winston 錄用了我，也對我在工作中給予鼓勵與期許。這份知遇之恩，一直深埋心中，就讓這張珍貴的卡片，說出 30 年來我心中久藏的最大謝意。另外也藉此向 Wellex 我的老上司 CEO 李辰雄先生，謝謝他給了我 20 多年的發展空間，在工作之外學到辦各種活動的能力，讓我在退休之後，可以在社區服務，日子過得充實又有意義。

在這感恩的季節，感謝我人生中這些貴人的相助與知遇之恩，特此為文紀念。

陳文雄博士 (Dr. Winston Chen) 簡介：
美國華人企業家，哈佛大學博士，台灣台北人。他是全美第一大資訊電子代工公司「旭電」的創辦人，兩度榮獲美國商務部最高品質獎。1992 年升任公司董事長，同年作為唯一的亞商企業代表隨布希總統赴亞太 4 國訪問。是「六度慈善基金會」負責人。成功擠入美國最上層的主流社會，成為台僑耀眼的光榮，受到各界的囑目。 (節錄：成大傑出校友名錄)

(本文刊於 01/15/2015 老中報)

退休感言

　　退休了！每天可以睡到自然醒，做自己想要做的事，應該很快樂才對。但事實上並不是那樣，好像少了件東西似的，坐立不安、無法釋懷，一下子發現沒有事情可以做，感到有點淡淡的憂傷。

　　兒子終於開口了：「媽媽妳已經工作太久了，應該休息，陪老爸一起享受後半輩的人生。從現在開始妳已經不是公司的經理，沒有任何頭銜了，妳要改變自己，把自己定位回歸是一般的家庭主婦，生活越簡單越好，妳才會快樂。」一語驚醒夢中人，簡短幾句話讓我思考以後的人生該怎麼走，如何做安排。

　　外子生性木訥，又不善應酬交際，可以一整天不出門，坐在電腦前，也不覺得厭煩，這是他的興

趣。日復一日、年復一年，重複過著一成不變的日子，真令人佩服，他自認很滿足。退休後的這幾年，他把過去的照片，重新整理。依照年度編排成個人的或家庭的不同系列。又把他多年搜集的錄音帶唱片的歌曲，打入電腦編成目錄。上網蒐集各種花卉蟲鳥，世界名勝和名畫。自己更喜歡拍照，也幫我寫工作用的電腦程式。雖然沉迷在電腦裏，卻也不忘記庭院花草的修剪及游泳池的維護，把每天的時間都安排得很好，從不喊叫無聊，生活處理段數比我高招。

反觀自己，退休之前沒有好好規劃，平日除了愛看書之外，也無特別嗜好，把工作當成生活的重心，怎會知道有今日的茫然與挫折。

開始去圖書館借銀髮族及退休後如何排遣時間的書來看，吸取別人的經驗。自已列出一大堆項目如：做家務、運動、上電腦看資訊查資料、學畫寫字、讀書寫作，做手工藝…。

一說到家務，最讓我厭煩又排拒的是準備每天的早、午、晚三餐飲食。少女時對烹飪就不感興趣，也無心去學習。母親總會說：「結婚以後妳就會有苦頭吃。」當時只當它是耳邊風，不放在心上。大不了去餐館叫菜，殊不知餐館只能救急，卻不能天天靠餐館來應付生活，吃久了真是會膩死人，也不健康。

在未退休前，每天上班只煮晚餐就可以應付自己的五臟廟。早餐喝牛奶吃麵包，外加個水果。中午帶便當或外食；晚餐樣多量大當兩餐用，就足以應付三百六十五天的日子。現在退休了，三餐不能心不在焉應付了事而逃避家庭主婦的責任。

開始搬箱倒櫃找出食譜，抄寫一些最簡單的食材，每天列出菜單，用心的作菜。日子一久卻發現翻來覆去總是那幾樣食物上桌。嫌魚和蛋有腥味，沒吃過的東西不買，加加減減，剩餘的還有什麼可煮可食呢？

煮三餐成了壓力，哪是老來享福？比去上班還苦。於是對外子攤牌，說之以理動之以情，如果不接受，我會想逃的。約法三章，早餐各自找自己要吃的東西，中午和晚餐輪流作飯，可以換不同的口味，吃不同的菜色。外子不想讓我背負逃妻的罪名，煮兩人吃的食物，對他來說是太簡單了，口味好不好是另一回事；於是宣告無條件接受，只要太太快樂就好。套句他的口頭禪「太太只有一個，不然又怎麼辦？」讓我好感動。

不必為三餐煩憂，搬走心中的大石頭後，頓時覺得日子好輕快。不想成為一對自閉兒，也不願每天大眼瞪小眼。最後達成協議：應酬、買菜、爬山走路一起行動，其他時間，各自為政，保留個人自由

空間。外子生活選擇與電腦為伍外，聽音樂錄影拍照製做幻燈片和 DVD。我自己只好單飛走出家門去參加長輩會的書法班及長青學院的課程。其他大半時間看報紙或寫書法，也練習寫作。

「給自己時間，好好安排計畫，慢慢改變自己，踏踏實實的過每一天，多與人溝通，」這些話成天在耳邊繞，是兒子幫我解去退休後憂傷的靈藥。由當初無所適事的我，到現在感到時間不夠用的自己，真是一段心路歷程。

退休是人生的另一個開始，解除了壓力，不用起早趕晚為生活奔波，不需要再看別人臉色活得很自在，一生勞苦應該給自己一些慰勞，做自己的主人。如果想不開，認為『老』了無用，憂東煩西，只會加速更多的煩惱與老化。快不快樂視個人如何去看待和解讀。

退休真好！感謝多年來兒子和外子在工作上幫了大忙及分擔家事，讓我有餘力去做我想做的事，行有餘力服務鄉親，老來活得更快樂。人生如此，夫復何求！

(刊登於 10/25/2013 親子盒子四季園部落格)

懷念感恩秋月姊

　　您一向身體健朗，我們都認為您會長命百壽。沒想到突然而來的一場病，來勢洶洶來不及醫治，竟在人生的席位上提早離席遠去。讓好多認識您的人，感到萬分不捨。您生前風光身後低調，交待不做任何儀式，但家人親友仍以最溫馨的方式來紀念您。

　　您、我有緣相識相知將近 40 年，您的前半生我來不及參予。但後半生因工作而結為工作上的好搭檔，是老天給的一件莫大的恩賜。

　　您是我從芝加哥搬來加州在工作上遇到的貴人，1979 年我們相識於 Solectron，當時您是我的上司，一路提拔我，由 leader、supervisor 進而走上管理階層，讓我的生命有了重大的轉折及突破與自信，也留下珍貴美好的回憶。如果沒有您的提拔，我可能只是個默默無聞的普通員工。一起工作的日子裡，我們互相幫助、互相尊敬，雖然個性各異但合作無間，相知且相惜。知遇之恩共事之情，永遠銘記在心。

　　2009 年您當北加州長輩會第 21 屆會長時，把秘書重任交付給我。在商討各種活動時，我看到您對長輩會的熱誠、用心與努力，無私無我。在任內竭盡心力關懷長輩，把各種活動辦得有生有色，有口

皆碑。佩服您的幹勁之餘也激發了我的熱忱。您卸任後仍對長輩會默默的支持與付出，展現無比的關懷與大胸襟。像您這樣熱心公益的人真是少見。也感謝您給了我成長的機會，從中學到很多東西與編刊物的辛苦和樂趣。

2009 秋季因您的引薦，我加入聖荷西迦南基督教會長青團契，見面機會更多，相處的日子裡看到了您豪爽又樂意助人的一面。每逢星期三、五上課時，您不辭辛勞、風雨無阻，接送三位交通有困難的學生來上課。也總在廚房裏忙來忙去的弄午餐，經常把好吃的東西讓大家一起分享。十年如一日，並以此為樂，因為您有愛心，才能持續做這些瑣碎的事而不覺厭煩，感謝您這麼多年來對長青團契的照顧。除了感恩，還讓我們覺得好溫暖。大家都很想念您！

在長久日子的相處裡，更能了解您嚴肅的外表也有幽默、瀟洒的一面，常消遣自已愉悅他人，是個直爽富愛心的人，而且為人低調，處處為他人設想，生日不讓人慶祝，不舒服也不讓人去探望，怕麻煩別人。在您臥病醫院中還記掛著要當面謝謝我，這種處事低調又謙虛不居功的好榜樣更讓我感動。您總是挺胸直腰一身傲骨，正直仁慈又無私，真不愧為我的好上司、好朋友。

一個人做點好事並不難，難的是一輩子做好事。您們夫婦每年都會安排回臺灣去探望屏東伯大尼之家的喜憨兒，送出溫暖與愛心。像蠟燭，燃燒自己，照亮別人，不欲人知的善舉，是多麼寬大為懷。

如今我們再也見不到您充滿活力的身影，也不能和您面對面地談心了。我們無法相信，也不能承受這個沉重的事實。往事依稀，無限追思。千言萬語，化做我們對您的思念。

美好的仗您已打過，一生應該沒什麼遺憾，請安息吧！借用一首歌「讓我說聲謝謝你」作為結語：

還記得那一天我遇見你
你的真誠溫暖了我的心
生命中有了你 不再孤寂
讓我說一聲謝謝你

謝謝你陪我一起 歡笑哭泣
一路上有你 不灰心不放棄
手牽著手 心連心
願主旨意完全成就在你和我的生命

主的愛使我們 相知相惜
接納包容彼此許多不同

生命中有了你 不再孤寂
讓我說聲謝謝你

陳秋月女士 (Julie Lim)　9/9/1932~8/29/2018

陳秋月女士簡介：

少女時活潑開朗，曾經叱吒風雲馳騁於球場的第一屆籃球國手。曾效力「良友」女籃隊及一銀，視隊友如親人，一直保持聯絡。

來美國後，初期短暫在餐舘打工，搬至加州後為旭電電子公司主管。曾任北加州台灣長輩會第 21 屆會長、聖荷西迦南教會長青團契策劃長、台灣屏東伯大尼之家的美國阿嬤。

個姓直爽又富幽默，愛家、愛美食、愛旅遊也待教友如家人。一生活得精彩又絢爛，真是一個有福的人，值得我們敬愛。我們永遠懷念您！

(本文刊於 11/01/2018 大中報)

美食分享

偶嚐珍饈美味

來次味蕾之旅

也是人生一大享受

陌巷中的驚喜

　　去西雅圖旅遊，以為兒子會帶我們去吃海鮮或日本料理。結果卻在唐人街的越華超市旁停車。小石頭左看右看都沒有發現有中國餐館，這麼隱密的地方又有些古舊，到底有什麼東西好吃？依兒子的品味與格調，絕對不會到這種陌巷來晚餐。到底賣什麼關子，令人納悶。該不是越南菜吧！

　　停車位少，還好我們早來半小時又有預約。下了車看到招牌 Tamarind Tree，心涼了半截，晚餐大概要泡湯了，準備吃越南和粉吧！

　　走進門，眼睛一亮，有驚艷的感覺。佈置優雅有東洋風味，尤其露天餐座更有情調，茶壺、杯子比一般越南餐館還講究，門裏門外竟是兩個不同的天地，原來兒子要給我們一個意外的驚喜。

　　這不是一般的越南餐館，要 24 小時前先在網上訂位。兒子和朋友來吃過，評價很高。來之前還問

朋友幫他推薦點什麼菜較好吃。前菜上來了，越南春捲是用糯米紙包裹的，少了油膩。芒果沙拉好看又清涼爽口，吃得盤底朝天。烤肋骨味好肉又滑嫩，讓人欲罷不能，連吃好幾塊。

清炒四季豆講究火喉要清脆，不能太軟或太硬，這道菜外子和兒子都愛吃。牛肉吃不過癮，又叫了一道不同口味的辣椒香茅牛肉。最後一道菜是焗大比目魚，魚肉鮮腴，配料稍鹽了點。飯後又來一盤甜點烤香蕉，上頭還洒了一些碎花生粒，吃起來QQ的，齒頰留香。

菜上了一半，客人陸續來了，露天餐座一下子坐滿了人。小石頭左右看了一下，有一半以上是外國人，可見美食推薦及評價不錯，才讓人吃了還想再來。雖是越南菜卻很注重色、香、味，懂得結合美食與藝術也講究氣氛，怪不得生意特別好。

這是小石頭吃過越南菜中印象最好的餐館，服務好氣氛又佳，一道菜吃完了再送下一道菜，讓客人在這有情調的室外雅座慢慢享受美食。

感謝兒子費心安排及今晚陋巷中帶來的驚喜。真的不能以餐館的外貌來衡量佳餚的內涵。

(刊登於親子盒子四季園部落格)

灣區獨一無二的龍蝦流動餐車

　　早上兒子上班前，丟下一句話：「媽，下午六點我下班回家後，帶您到我們家附近的流動餐車買您愛吃的龍蝦麵包捲及蛤蜊濃湯」。兒子一直想帶我們到 Redwood City 的 Old Port Lobster Shack 去吃緬因州進口的新鮮龍蝦，小石頭嫌路太遠，所以一直沒成行。兒子上網得知龍蝦流動餐車將開來我們住家附近，於是把握機會想讓我們嚐鮮。

　　哦！原來是一部長型大卡車改裝的餐車。車身鑲滿木片且掛些救生圈及充氣浮標。打開窗戶，裏面是一個大廚房，就可以招攬生意。這種流動餐車，讓小石頭想起小時候在臺灣南部鄉下，清晨挑著擔子賣杏仁茶及油條的阿伯和黃昏前賣碗糕的大嬸，挨街挨戶的叫賣，這些陳年往事又浮上心頭。

40 年代的臺灣鄉下要吃這些東西,還真不容易。這些小販很辛苦,哪像現在有車子代步,不用挑,又可到處流動,真是不可同日而語。

　　未退休前,公司的餐廳旁,經常有一輛廂形車改裝的餐車在賣簡單的餐食:有冷、熱飲品、水果、三明治,春捲、炒麵…麻雀雖小,五臟俱全,可以買到您可以吃的食物。這些小餐車就在工業區的各公司間穿梭兜售。像大型龍蝦流動餐車只賣龍蝦麵包捲及蛤蜊鮮濃湯幾樣餐食的還真少。

　　街頭美食在美國逐漸受到重視,引起一股餐車的風潮。把大卡車改裝成活動的小廚房,可烹調佳肴美味。卡車在公司街道路邊空地或商店旁一停,拉開窗戶馬上生意就到府了。來自四面八方及工業區的各公司辦公室聞聲而來的人群,不約而同來尋找美食,開心享受很不一樣的午餐。

　　這種龍蝦流動餐車並沒有固定的時間和路線;它輪流在灣區的各城市流動。要知道它的行程,必須上網路查看。

　　下面這些照片,就是從網站查知當天黃昏時,龍蝦流動餐車會停留在我們附近街道商店旁,在現場拍到的。車子一停,桌子一擺,就有顧客上門來。

吃著塞滿新鮮龍蝦肉的麵包捲，喝著熱氣騰騰的蛤蜊鮮濃湯，配些酸瓜、及薯片，吃得好過癮。小石頭也趕上潮流成追逐餐車而食的一族。

(06/06/2013 刊登於老中報)

享受越南美食 - Xanh Restaurant

　　甚少光顧越南餐館的小石頭，在一趟西雅圖之旅，嚐過 Tamarind Tree (餐館名) 美食之後，齒頰留香，念念不忘。前天兒子帶我們去離家不遠的 Mountain View 的 Xanh Restaurant 晚餐，才發現以前對越南菜的了解和知道得太少，以為只有在觀光景點美食家介紹下才能吃到色香味俱全又時尚的越南美食。其實在住家附近也能吃到高品味的越南菜，只因自已喜歡吃中國菜上日本餐飲及吃美國牛排而沒去發掘越南餐館也能以高格調的姿態擠上美食的舞台，真是以管窺天。

　　舊金山南灣矽谷一帶有不少越南餐廳，但講究裝璜及高品味的較少。大都以經濟實惠的越南家常菜餐廳居多，越式河粉、越南粉卷、越南三明治、越南麵包、越南春捲。且菜餚裏多使用魚露、醬油、大米、新鮮香草、水果和蔬菜、草藥和香料。這些

小餐館食物雖美味，但在裝潢及氣氛上卻遜色很多。

Xanh Restaurant 位於 Mountain View 的 Castro 街，中午有越式 Buffet，晚上有越南及亞州食物菜單供點食。除了前廳有一座挑長的豪華酒吧吧台外，還有兩個宴會廳及室外雅座。室內裝潢考究且配上彩色玻璃窗，整個氣氛讓人覺得很 fancy，高檔級的時尚餐廳。

當天兩個宴會廳有人在開派對，杯光人影穿梭其間，食客大半是外國人。還好我們早已訂位，不用久等。因為有 Yelp 四顆星的推薦及口評不錯，才讓我們也慕名來品嚐。

我們點了兩樣前菜：Traditional Roll 越南傳統春捲是用糯米薄皮包著餡料切成壽司狀，清淡可口少油膩；Crispy Potstickers 脆皮鍋貼看起來有點像肉丸，是用蝦肉、雞肉、豬肉及蔥、香菇去炸好的，外皮酥脆，裏面的肉餡吃起來很彈牙。沾醬油醋來吃，更入味。柚子沙拉光看這道色彩鮮艷的沙拉，除了飽眼福胃口也大開。有水煮蝦、柚子、青蘋果，鳳梨，紅椒，薄荷，香脆青蔥，新鮮黑胡椒。量多又爽口，吃得好過癮。四季豆賣相雖不那麼青翠，但佐料很不錯，很嫩又軟，與青脆的清炒四季豆有不同的口感。

我們三人各點了不同的主菜：

烤味噌鮭魚：用芭蕉葉墊著，配著一碗透明粉條及蔬菜。結合美食與藝術，一看就喜歡。

烤小牛排：配上一些清爽的豆芽菜及紅椒，再以烤鳳梨襯底，色彩之美，令人眼睛大亮。牛肉：鮮嫩多汁真是美味。大塊菲力牛排：以塊狀馬鈴薯、蘆筍及混合青椒墊底。肉嫩香味足，口感飽滿。

最後我們點了一份 Menage a trois 甜食，服務人員一邊解說，一邊幫我們分好。Menage a trois 甜度適中，爽滑香腴齒頰留香，意猶未竟。

越南菜因受到法國菜和中國菜的影響，因此在飲食中融合了精緻西歐文化及亞洲美食，而綜合成了越南獨特的美食文化，因為清淡可口，服務又佳，在灣區漸漸受到不同族群的喜愛。

(本文刊於 12/15/2012 老中網老饕手札)

味蕾之旅 - The French Laundry

　　有一天，兒子對我說：「媽媽，我帶您去 Napa 看洗衣服的地方，開車 2 小時，但要停留 3 小時。」兒子臺灣話不怎麼輪轉，聽得我一頭霧水。洗衣服的地方有什麼好看？自己陷入無解的沈思中。

　　為慶祝一個特別的日子，我們終於來到 Napa。出現在眼前的是一幢兩層樓的石砌房屋，走廊爬滿藤葉，一點都不顯眼。此時小石頭才恍然大悟，洗衣服的地方應是洗衣房，原來是 The French Laundry (法國洗衣店)。如果沒有人告訴您，一定不知道擁有米其林三顆星世界頂級的法國餐館就在這裏。

　　法國洗衣店位於舊金山北邊納帕山谷的 Yountville 小鎮，建於 1900 年原為酒館，1920 年代變成一個

蒸氣洗衣房；1980 年代才改建為餐廳。法國洗衣店的大廚和業主 Thomas Keller 於 1994 年把這個以前蒸氣洗衣房 (Laundry Room) 改建成的餐廳買下來，提供富美國式作風的法式料理。他以善用食物原味為主，配合季節和當地特色食材或自家花園的菜來準備餐食。講究細膩又完美的料理，創出一種獨特的加州法國菜風格，受到美食家的肯定，而被公認為美國排名第一的餐廳。2003-2004 年被英國 Restaurant Magazine 選為世界上最頂尖的餐廳，並於 2006 獲得米其林三星級的榮譽。

整個餐廳只有 17 張桌子，同時可以招待 60 個人，要提早一兩個月前先預約，不收臨時上門的客人。對上門來用餐的客人要求：不可以穿短褲、牛仔褲、汗衫或球鞋，夾克外套可以接受。

樓上、樓下是餐室，從樓梯口小長廊可通往後院的廚房。我們的座位就在一樓入口處。室內除了一大瓶鮮花外，感覺一塵不染，裝潢簡潔典雅。

法國洗衣店每天都會提供兩種不同的九道菜的品嚐菜單，有素、葷兩種，每道菜中都使用不同的食材，節日期間餐廳可提供特別的菜色。Chef's Tasting Menu 的菜單，每人 310 美元，不包括基本膳食的酬金，不包括酒及其他如俄羅斯魚子醬和松露，若點 Charcoal Grilled Japanese Wagyu (日本

和牛) 每人要加價 $100。我們三人決定都點葷食。

　前菜送上桌是：生鮮起司三文魚小卷，酥脆可口一點腥味都沒有，是開味菜。接著是一道又一道大廚精心烹調的三星級餐餚，一一呈上桌。生蠔鱘魚卵色澤飽滿，香醇濃郁，美味無比。鵪鶉烤肉細嫩味佳，滿口異香，難得吃到的人間佳餚。麵包造型奇特像貝螺，香脆鬆軟又可口，與眾不同，令人驚艷。金黃色的烤比目魚外酥內嫩，配上小菜鮮美無比。.綠色沙拉葉嫩清脆又爽口，綠中泛紅，色柔且刀工細膩。龍蝦配慢烤甜菜色美肉嫩，佳餚擺飾好吸睛，真不愧為米其林三星級餐廳。日本和牛牛排，是用最高級雪花牛肉來烹調，肉汁多且細嫩，入口即化，風味獨特；令人此生難忘。

每道菜小巧精緻、不但色、香、味俱全外，更講究餐具瓷器的搭配，擺盤像藝術品美得無以倫比，真是視覺上的一大盛宴。每上一道菜都有驚喜的感覺，一小口一小口慢慢品嚐，真是人間美味，更體會出大廚對餐飲完美的要求。量少種類多提供客人可以同時品嚐多樣的佳餚。一道道的美食，讓您打開味蕾，意猶未足還想吃的誘惑。佳餚也要有美酒助興，我們點了一瓶 2009 Le Rêve Blanc de Blancs 的香檳，從不喝酒的我，覺得還很香醇。

　　最後甜點有水果、冰淇淋、巧克力和糖果，一下子擺了滿桌。不知先吃什麼好？每樣都經過精心製作，一點都不甜膩，配上咖啡正好。尤其服務小姐端出木盒裏裝的五顏六色的巧克力，讓人看得傻眼，精巧的捨不得吃。

　　一餐將近 3 小時，服務人員要照顧樓上又要服務樓下，每人各司其職，有換新刀叉的、有上菜的、有收盤的、有倒水、斟酒的，每上一道菜詳加說明食材來自何處，醬汁怎麼調製……每道菜除了色、香、味之外，像藝術家一樣追求完美及登峰造極。

　　廚房工作人員及服務生比客人還多，這些服務人員男的個個年輕，女的端莊。輕聲細語默契很好，足見訓練有素。除了享受佳餚外，服務人員的殷勤周到也是客人想再來的最大因素。要摘下米其林三顆星，面面都俱到才行。

結束午餐後，還贈送每人一小盒精製印有 logo 的曲奇餅乾、餐館菜單及手冊做紀念。離席後，我們參觀了後院的廚房，不鏽鋼檯面，光可照人，整個廚房明亮寬敞又整潔，工作人員還認真在作清理及準備工作。

餐館的對面是法國洗衣店自家的菜園，很多食材都是當天採收，加州新鮮的蔬菜直接送達餐桌，此外還有自己獨力的食物連線管道，可以配合每天更換的菜單，讓顧客吃到新鮮又精美的佳餚。

造訪法國洗衣店確實是一趟最佳味蕾之旅，花費不貲，但人生有幾回可以如此開懷享受佳餚美酒。感謝兒子的 安排，讓我們見識到米其林三星級的佳餚、氣派及排場，此生於願已足，不虛此行。

(本文刊於 10/10/2017 老中網-老饕手札)

感恩節盛餐 Madera Restaurant

　　往年都是兒子下廚房準備感恩節大餐，因為吃來吃去，就是烤一隻大火雞、搭配一些薯泥、沙拉、玉蜀黍、小麵包，南瓜派；外加飲料及水果。千篇一律，變不出新花樣來。做了十二年之後，他自己也累了。因此決定找一家好西餐廳，一家人一起歡慶節日。兒子獨鍾情於 Menlo Park 的 Madera 西餐，去年感恩節第一次來時，留下美好的印象，所以今年他期待想再嚐嚐不同的感恩節佳餚。

　　Madera 是一家美式烹調及富現代料理的高檔餐廳，室內設計舒適又典雅，設有開放式的廚房，且有戶外露台，四野景色極佳；號稱矽谷景觀最美的餐廳。

Madera 餐廳除了食材採用當地當季新鮮食材外，口碑好，2017 又重摘回米其林一顆星。要保有米其林的名榜可不是一件簡單的事，可見品質保証需靠不斷創新與團隊的努力。

今年感恩節的菜單，比去年更吸引人。除了供應麵包外，我們點的是 Family Style，家人一起分享的食物。

四道開胃前菜一起上桌：

第一道是沙拉：盤中有綠色嫩葉、石榴、南瓜子及薄荷香葉及檳油醋汁。色彩鮮艷，非常吸睛。爽口清脆又帶點薄荷香氣及淡淡的酸甜。

第二道是法國白色奶酪鋪上蔓越莓、蜜糖、西洋菜。色美小巧誘人，光看就捨不得吃。

第三道是法國麵包搭配鵝肝醬、柿子、榛子。麵包外皮酥脆內軟，第一次吃，覺得還不錯。

第四道玉米薯泥上有四小塊醃過威士忌五香蘋果的五花肉。烤得金黃色的五花肉皮脆肉肥嫩、怕肥肉的小石頭，也吃得津津有味。

接著主食全上了桌：

烤火雞：盤中有不同部位的黑、白火雞肉，搭配火雞碎肉汁，讓火雞肉更提味。。

蜂蜜薰火腿肉：配黑芥末醬，小石頭喜歡薰火腿肉，但怕黑芥末醬。

奶油蛋捲裏三文魚：三文魚外加孢子甘藍、烤大蒜。金葡萄乾及荷蘭酸辣醬。魚肉豐腴入口即化，外子最愛吃。

三樣主菜外，搭配甜薯泥、蔓越莓醬、烤蔬菜、香腸碎麵包餡。甜薯泥綿密細緻好吃極了，烤蔬菜清脆又新鮮，香腸碎麵包餡也讓人食指大動。最後再來一道甜點，讓自己心裏又甜又幸福。

吃過 Napa 法國洗衣房三星級米其林餐館後，再來吃 Madera 西餐，感覺上差很大，食物的精緻瓷器的講究，⋯遠不及 Napa 法國洗衣房。一分錢一分貨，相對的 Madera 是屬一般大家還能接受的價碼。特別節日偶爾去一次，回饋自己的辛勞也值得。

感謝兒子的孝心，年年為我和外子安排節日聚餐，感恩外，更要惜福。

(本文刊於 12/15/2017 親子盒子四季園部落格)

聞名舊金山的迪納摩甜甜圈

　　退休後，就沒再買過 donut。有次兒子從公司帶回一個有培根口味的甜甜圈給我，特別好吃。小石頭想知道什麼地方可以買到？兒子說：在舊金山。一聽這麼遠，就打消了念頭。但它的美味仍讓小石頭念念不忘。

　　上週三，我們趁著去舊金山的越南斜門餐廳午餐前，先去 Dynamo Donut 買夢想好久的 Maple Glazed Bacon Apple 解饞。順便參觀店內及後院的擺飾，想了解一下，小小的甜甜圈專賣店有什麼魔力，讓大家慕名而來。

　　Sara Spearin 是 Dynamo Donut 甜甜圈和咖啡的創始人和老闆，去過新英格蘭烹飪學院的烹飪學校，在餐廳工作 20 多年，專長烹飪，是一個糕點師傅。迪納摩甜甜圈是她自己做過的第一個甜甜圈。

她曾經夢想過自己擁有一個可愛的小麵包店，賣些餅乾、羊角麵包和所有好吃的東西，卻不曾想過做甜甜圈。但因日常生活中離不開麵團，因此會把麵團變變花樣，換不同口味，試做出的 donut 令人垂涎；因此讓她想要有一個甜甜圈專店的念頭。

　　Dynamo Donut 位於舊金山 Mission 區，2008 年開業。當時主要靠口頭宣傳，因口碑好，媒體快速傳播，名聲大噪受到全國矚目，及上過媒體報導。

　　Maple Glazed Bacon Apple 是 Dynamo Donut 的招牌，吃過的人都說這是最好吃的甜甜圈，甜中帶點鹹加上脆脆的培根，真是令人忘不了它的美味！此外還有不同口味的： coconut、sticky bun、peanut butter banana、passion fruit milk chocolate、caramel de sel、…每天賣的 donut menu 及價錢都標示在窗口木板上。有 24 種口味每天輪流變換，也賣咖啡。週末人多，有些客人在網上先訂購，打包帶走。

　　在寸土寸金的舊金山，進入 Dynamo Donut 小店，室內除了幾張桌椅外，還置放一些做甜甜圈的容器，擺得清爽又乾淨。此外居然有個後院小花園，院子雖小但有花、有傘、有桌椅…小巧又優雅，可以輕鬆的在此喝咖啡、吃 donut，享受一下鬧中取靜的清閒。

Dynamo Donut 的要價雖然比一般傳統的甜甜圈貴
3 倍，但食材新鮮又常變換口味，有創新才是它招
引人的特色。

不管您喜歡或不愛吃 donut，如果您去了舊金
山，小石頭推薦別忘了去買 Maple Glazed Bacon
Apple 來吃，保証比其他口味好吃。

(本文刊於 06/15/2017 老中報)

舊金山越南時尚餐館 - 斜門

　　The Slanted Door 是舊金山一家很有名的越南餐館，業主 Charles Phan 是越南華僑，越共戰亂時，隨著父母輾轉移民至舊金山。畢業於柏克萊加大建築系，到紐約工作一段時間，覺得不符合興趣，之後，隨母親做越南菜。他認為只要用上好的材料，並利用越南特有的調味料及香草，將傳統烹飪技術與當地食材融合在一起，更能彰顯出越南菜的特色。

　　於是 1955 年在舊金山的 Mission 區開了家越南小餐飲店，生意興隆，受到好評。渡輪碼頭改建後，與朋友合資，搬到渡輪大廈內，以高檔時尚風味的越南菜打響知名度。2004 年，Phan 贏得了加州最佳廚師詹姆斯·胡德獎，2014 年獲得詹姆斯·比爾德

獎（James Beard Award）的傑出餐廳獎，因此名聲大噪，成為觀光客、商業人士及本地人聚餐的最佳地點。

一進門，就看到一尊關公神像，這是財神爺。The Slanted Door 的意思是斜門，一個好奇怪的名字，卻是門庭若市座無虛席。室內兩側明亮清爽的玻璃落地窗面向海灣大橋，風景極佳。

The Slanted Door 雖是越南餐館，但講究餐飲茶具的搭配、原木大片餐桌，簡潔的佈置，明亮又不失優雅，完全以時尚風格面世。另外更以新鮮食材及有機的禽類和肉類烹調而聞名。慕名而來品嚐的食客，要預先訂位，才不會枯等。

依約 12:45 入座，很幸運我們的座位面向海灣，可以欣賞來來往往的遊輪。因為不是很餓，點了飲料外，三人點了兩個前菜及各自一盤主菜。春捲內有蝦、有肉、有生菜、薄荷，越南米粉、青蔥蛋黃醬，再沾些花生醬，鮮美可口，幾乎每一桌都點這道菜。燒烤豬肉排骨，佐以青蔥、香菜、蜂蜜醬，雖好吃，但色稍為黑且鹹些。shaking beef 是招牌菜，小粒牛肉不停搖轉煎得焦黃配上炒洋蔥及酸橙醬，牛肉外脆內嫩，兒子大讚好吃。但幾小塊要價 $40 美金，有些貴，既是名菜就值此價。外子和我是點相同的菜，兩片烤得金黃色的魚，配上綠芒

果、小黃瓜絲的沙拉及一些薄荷，色美魚鮮再沾泰國辣椒魚醬，外加一小碗飯，真是絕配，正合我口味，沙拉爽口味道不錯。

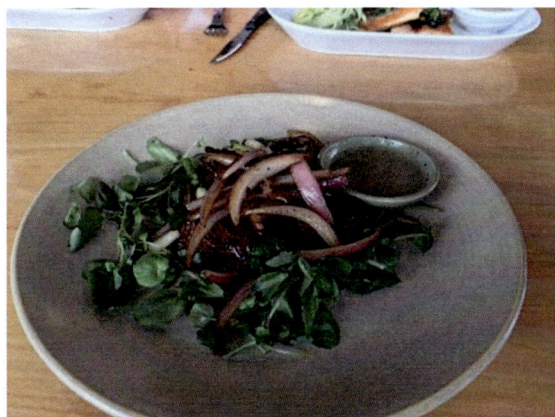

　　The Slanted Door 不論裝璜、菜色、餐盤，確實比其他的越南餐店講究和高級，當然消費相對也高。但能在這麼美的景色中品嚐珍味佳餚，也是一種享受。同時更為 Charles Pan 因興趣而為自己打出一片輝煌的餐飲事業而折服。

　　The Slanted Door 餐廳就在 Ferry Building 內最左側。整個 Ferry Building 市集是一條長長的挑高走廊，幾乎都是些自家經營的小鋪子，有生蔬或肉鋪、甜食糕點小舖、手工麵包及精緻的小巧飾物、廚房用具、還有餐館及酒吧，很清爽又乾淨。廣場上，週末還有農夫市場，可以買到最新鮮的蔬果，

這個獨特的市場也成為許多舊金山知名餐廳主廚都來這裡採購的菜籃族。

渡輪大廈上的建築物是仿古教堂的鐘樓，它成了 1 號碼頭的著名地標。2003 年重新裝修，變成現在的渡輪大廈市場 (Ferry Building Marketplace)，是富特色的觀光景點。

飽食之後，正好去逛渡輪大廈市場及 7 號碼頭，像觀光客一樣，悠閒地來個半日遊。人生難得有幾回家人一起出遊共聚午餐的好時光，倍覺幸福滿滿，腳步也輕快。

(本文刊於 08/15/2017 老中報)

身心健康

健康是人生
最大的財富
請珍惜愛護
自己的身體

那段坐輪椅的日子

　　從小到大，人生中總難免會碰上一些意外，起起伏伏的關卡。有些莫名的劫數就是逃不過。2003 年的腳踝骨裂傷，讓我此生嚐到坐輪椅及復健的痛苦。至今已十一年了，受傷時的驚嚇記憶猶在，一整年行動的不便，身心俱疲就像一場惡夢，揮之不去。

　　剛過完年，公司冷冷落落。有人還在度假，有些部門還在輪休。我們部門照常上班，當我指揮屬下將庫存貨、半製品、完成品如何歸類放置後，前腳踏出沒幾步，卻莫名其妙的被推倒，聽到箱子滑落的聲音，自己的右腳踝已慘遭壓傷。一陣驚叫聲，員工趕緊圍過來想將我扶起。當時只覺痛徹心扉，雖沒擦傷，但已快速紅腫；心知不妙，一定是內傷，我不敢即刻站起。立刻指揮助理找人事經理來處理送醫急救。

　　人事經理見到沒有擦傷，也沒有流血，讓同事送我去一家與公司有簽約的小診所急診卻沒送去大醫院。在等待就診時，打電話告訴屬下不要自責與難過，那是意外操作不當，不想讓他有闖禍的愧疚；也讓外子知道我受傷，請來公司接我回家。

　　經過一番折騰，照了七、八張 X 光也沒給我看片子，暫時包紮固定，給了止疼藥，囑咐一些需小心

不能做的事，就讓我回家，一星期後再回診。

　　自己因公受傷請假在家療養，自覺不安。因管理上的疏忽及員工操作不當才發生此意外事件，給我一個很大的教訓。幸好受傷的是自己，不然會更內疚。也許冥冥之中自有此一劫，應驗夢中曾見自己坐輪椅的一幕。

　　腳傷沒消腫，回診時，醫療人員不敢大意，立即要我轉診去見骨科手術醫生。又照了幾張X光，看了片子，右腳踝處有一道很明顯的裂傷。醫生立刻安排次日去華盛頓醫院由他操刀手術。原以為裂傷處可以靠療養休息而自癒，沒想到卻帶來這麼多的困擾。

　　手術後打上了石膏，接下來是一段長時間的不方便與折磨。每天上下班要外子接送，坐著輪椅工作。原以為可以休息一個月再去上班，但因申請公傷需由勞工受傷局付費，醫生認為我是主管級人員不必像一般員工要站著工作，所以沒給我長假。誰知一天八小時工作下來，開刀打上石膏的右腳垂掛一天後，腫得像饅頭，吃盡苦頭。這其間不能洗頭、不能泡澡，不能爬樓梯，所有家事也不能操作；生活空間被局限，像被關緊閉一樣，渾身不自由，才體會到一隻腳不能動的痛苦。

每半個月回診一次，觀察腳踝傷情進展。從 X 光片，才知道有兩根二吋長的鐵釘釘在裂縫處。在裂傷未癒合前，右腳都不能踩地。除了要忍受每天長坐輪椅而致使血液環不良的右腳踝腫脹，還得忍受行動不方便的煩亂，整個生活失了序，也帶給家人麻煩，原來平靜的生活，才是家人的幸福。

鋸掉石膏後，穿上特製的鐵鞋，送回輪椅，換上拐杖。起初很不習慣枴杖，右肩膀常酸疼，重心不穩怕不小心也會滑跤。只能一步一步腳踏實地慢慢拐才不出意外。幾個月下來，右小腿肚已萎縮一吋，且肌肉鬆弛無力。

終於等到醫生宣佈可以去做復健時，有如枷鎖被卸下。但復健的辛苦，更是一段艱辛的日子。在復健師指導下，麻木無力的右腳一踩地，如萬箭穿心，淚流不止。像踩在尖銳的小石子上，粒粒扎入每一根神經，要喚醒四個月冬眠的神經蘇醒。

從新學站立，每次復健後，回家還有功課要做：自己練習站立，扶著東西彎起左腳，再讓右腳單獨站立，慢慢承受身體的重力。尤其當復健師用力幫忙扭轉腳踝，又用力拉腿筋時，力道之大，痛得大叫。依復健做不同項目的運動，慢慢能抬腿，踩踏車輪。密集復健二個月之後，自己終於不再用拐扙行路，結束傷後行動不方便的惡夢。

每個人在一生中，難免會遭受意外傷害或苦難，只能去面對且耐性接受，怨天尤人不能使病情更好，只會讓人壞了心情，於事無補。

　　至今兩根釘子已成了我身體的一部份且相安無事，真是感恩。健康的身體，才是人生最大的福氣。

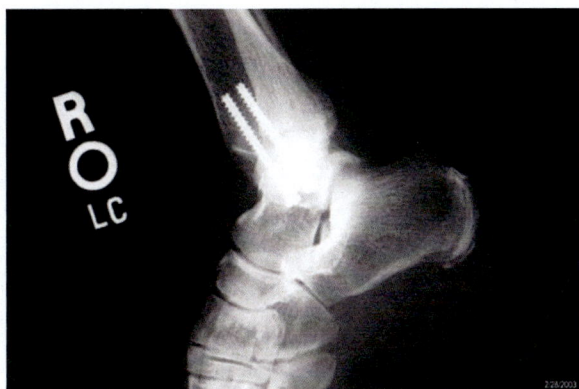

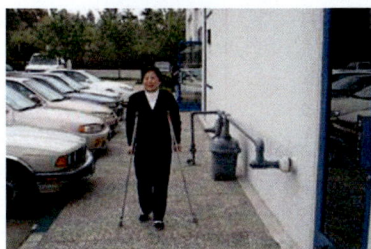

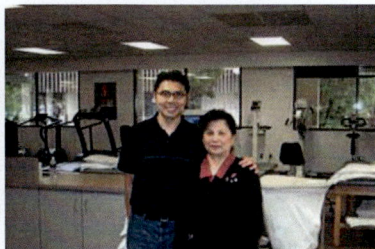

(本文刊於 01/14/2014 親子盒子四季園部落格)

撥雲見日

外子抱怨視力模糊，也許年紀大了眼睛老化，配了眼鏡，總該沒事兒。沒想到事情不是那麼簡單，接著外子左眼出現雙重影像的苦惱，連眼鏡也幫不上忙。幾次求診眼科醫師，卻查不出病因，無法對症下藥。深埋心中的陰影和疑慮，久久揮之不去。

偶然間發現外子走路或用電腦時，總是把頭往上抬，感到很納悶。原來他是想看清楚東西和減輕不舒服的壓力，不知不覺中就會有這個姿勢。此時我才知道事態真的很嚴重，不許再拖延。不能因查不出原因，就此漠視它的存在，醫好眼睛已成眼前最迫切的事。

病源隱藏在何處？百思不解。有一天，忽然靈光乍現，突發奇想：近視可以用雷射治癒，雙重影像是否也可用手術矯正？外子笑一笑，用不以為然的眼神看著我。

透過家庭醫師的推薦，我們找了一位眼科手術醫生登門求診。結果他也無法診斷出病因。醫師坦承他的病人中沒有複視的病例，診所也沒有大醫院的器材設備。最好去史丹佛醫學院找 Dr. McCulley 醫師求診。

經過聯絡及一些手續後，終於露出曙光，醫師答

應接受這個特例。經過初步檢查後，Dr. McCulley
發覺不妙，次日早晨進行 MRI（核磁共振）掃瞄。
報告出來了，醫生通知我們去看影像。天哪！嚇人
的腫瘤就躲在左眼窩深處。

這個包藏禍心的腫瘤比眼球還大，眼球被擠壓偏
離而凸出，造成複視。恐怖的「瘤」加上擔心手術
失明，我和兒子都嚇呆了，這麼少的機率，偏偏中
獎，只能怪運氣不好。

醫師建議及早動手術去除腫瘤，手術的日期定在
兩週之後。醫生囑咐外子心裡要有準備：因為腫瘤
太大，手術時恐傷及視神經，眼睛可能會失明。手
術前的那段日子裡，真是磨人；焦慮不安只能暗藏
內心，兒子要我不要驚慌，以免影響老爸的心緒。
外子十分鎮靜，把信心交託給醫生，不見他焦燥煩
心。他認為萬一失明，尚有另一隻眼睛，不像我胡
思亂想，盡鑽牛角尖。

手術的前一天，外子還特地要我幫他拍了幾張照
片，也拍了兩人的合照，這個舉動令我百感交集、
心酸落淚，幾乎承受不住，我不希望有這麼一天到
來……。

經過四個多小時的手術，才把比姆指還大的眼瘤
摘除取出，Dr. McCulley 告訴我們：手術進行得很

順利，外子的視力沒有受到損害。天大的好消息，我們興奮得大叫，喜極而泣！比中最大獎的樂透還欣喜。

　　腫瘤的化驗報告出來是良性的，不需再作任何醫療。外子眼力至今已恢復正常，我們心中的大石頭這才落下。慶幸遇到貴人，更感謝史丹佛醫療團隊，加上高科技的 MRI 掃描，才解除了外子的病痛。人生仍然充滿彩色，而不是驟變黑白，真是感恩。

　　眼睛出現複視，應馬上檢查，千萬不可拖延。病症沒消失，必須繼續追蹤，找到「對」的醫生。萬萬不能敷衍了事束手就擒，才不會誤失搶救的時機。健康就是資產，豈可掉以輕心，不知珍惜。

(本文刊於 09/06/2008 世界日報家園版)

走出陰霾

記得第一次見到史萊佛一家人是在外甥女結婚之前，兩家親友安排見面時認識的。

史萊佛親家公高大魁武又健談，已從 IBM 退休，熱心公益。史萊佛親家母是典型家庭主婦，開朗風趣又明事理。倆人育有兩男一女，都有不錯的工作。外甥女是他們的長媳，公公婆婆都很疼惜，視如己出，我們很慶幸她找到了好婆家。

去年乍聞外甥女的公公因癌症過世，令人欷歔不已。五年前，健壯的親家公得了癌症後，醫生宣佈只剩半年壽命時，有如晴天霹靂，令親友錯愕不已。

抗癌期間，親家公自知生命有限。雖知兒女都住在附近，可就近照顧老伴，但他們也有自己的工作及家庭要忙，親家公不想讓自己的老伴成為兒女的包袱；便擬妥一份計劃，希望親家母能自己學會獨立。於是開始帶親家母去銀行，從怎麼提款，存款做起。家裏有那些固定的開銷需支付，各種電源開關，舉凡家中大大小小親家母未曾做過的事，都一一交待清楚。

親家公自己在生前也辦妥自己的喪葬事宜，財產信託，並且完成了全家族一起遊阿拉斯加的願望。

醫生說只剩半年的壽命的他，竟撐了五年，才了無遺憾的走了。

　　大家正擔心親家母無法承受喪夫之痛時，沒想到她很快的調適好自己的心緒，走出喪夫的悲傷。五年的時間裏，她從不能接受到面對事實，親家公的開導讓親家母有活下去的勇氣，去結交更多的朋友開展她自己的人生。她喜歡和好友一起逛街、旅遊、打橋牌、或去醫院做義工。日子比過去還要忙，月曆上的活動時間排得滿滿的，連兒女要看老媽，也要事前約定時間，在忙碌中，她忘了心中的痛，生活得更有意義。

　　人老，但不能孤單。很多人在遭逢變故時，往往走不出哀傷，日子陷入等吃、等睡、等死的生活中，而無法自拔。愁苦是一天，歡笑也是一天，何不高高興興的過每一天。我們都很慶幸親家母深悟人生苦短，很快的走出喪夫陰暗的幽谷，重展笑靨。

（本文刊於 03/18/2009 世界日報家園版）

朋友！請堅強

日前去探望好久不見的朋友。來開門引我入屋內的是她的姪女。一進客廳，只見好友端坐在沙發上，膝上蓋了一條毯子。神情氣色比半年前好很多，我內心正為她的健康好轉而高興。

寒暄幾句後，她姪女無意中提及：「她阿姨幾個月前才去手術，在醫院待了十多天。」我驚奇的問：「什麼手術？」朋友掀開毯子，讓我看她的腿。天呀！她的右腳少了一截，怎麼會這樣？我驚悸又心疼。

只知她一直在洗腎，有糖尿病，但病情在控制中。想不到短短半年不見，竟惡化到如此可怕。這是我認識的朋友當中唯一為糖尿病所苦而截肢的例子，心裏難過到極點。

當時我被嚇壞了，不知如何安慰她。只見她微微一笑，沒有訴苦也沒掉淚。堅強又安祥，讓我忍不住鼻酸。她話不多，都是姪女在代為回答。

事後，才知道她在半年之間，經歷了一場人生的大變故。先是姊夫病逝，不到一個月後，姊姊跌倒昏迷後也走了。一下子失去兩個從小到大照顧她的至親家人，肝腸寸斷，哀痛欲絕！接著自己右腳腫脹，醫生告訴她必須截肢才能保命。頓時天地一片烏黑，痛不欲生，天天哭喊著：就此死去，一了百了。她不肯聽大家的苦勸，一心求死，真讓晚輩們束手無策。最後是她姊姊的大媳婦一句話點醒她：

141

「爸媽都走了，阿姨你是我們唯一的長輩，你不能
走啊！我們會好好照顧您，請接受醫生的建議
吧！」

　　她不再流淚，因淚早已流乾，心也死過了一回。
為了讓晚輩有個精神支柱，頓生堅強意志，也漸漸
想開了，不再為病痛在身而苦惱。姪女姪兒們的孝
順與貼心讓她很感動，心情慢慢轉佳，臉上開始有
了笑容。很高興朋友的頓悟，不再傷悲，堅強如
昔。在此祈求老天保佑她及她的家人平安健康。

　　　　　(本文刊於 11/14/2006 世界日報家園版)

人怕病來磨

　　清晨六點半，被急劇的腰酸背疼弄醒。痛得坐也不是站也不適，更無法仰臥或側睡。折騰了兩個鐘頭後，仍不見好轉，直冒汗且嘔吐不已。嚇壞了外子，直問是否應去醫院掛急診。

　　後來服了一粒止痛藥上床休息，九點多醒來，似乎好了許多。接下來三天又像沒事的人，自忖也許是某個器官被感染急性發炎吧。但仔細一想，不對！腰痛部位轉至右腰，加上膀胱不適，據自己的猜測可能是腎結石。

　　正慶幸過幾天舒適的好日子時，怎料到右腰部又開始疼了，趕緊把約定看醫生的日期往前挪。由診所尿液的檢驗，尿中有血，判定是腎臟發炎。醫師又開了止疼藥並要求去作 X 光透視，以確定腎臟有沒有結石。X 光報告出來了，看不到結石的影像，希望只是單純的腎臟發炎。

　　但兩天後疼痛又來襲並且加劇，為減輕自己的不適，就服下醫生開的止疼藥。也許是空腹，也可能是藥性太強，整個下午頭昏且胸悶，後來又吐了。再次與醫生聯絡，才決定去做超音波掃描。次晨醫生打來電話說：確實有結石在腎臟與膀胱連接處，且腎臟水腫。

轉診至泌尿科,醫生初診時他看了一下超音波影像,認為資料太少。他要求我再去照張X光片及提供更多張腎臟結石超音波掃描影像。

次日午後,我帶著報告資料再去求診時,X光片仍是正常沒有結石;加上我又許多天腰痛不再發作,醫師認為結石可能已排出。一聽不需要去醫院拿掉結石,不必忍受麻醉後頭昏又嘔的痛苦,我鬆了一口氣。

人最怕病來磨,腎結石摧心刺骨的疼痛,讓人心力交瘁。這次的病痛讓我有機會做一次檢討:血脂肪高、肝功能不好、腰酸背痛、不易入眠…,毛病還真多,給自己多了個警惕!

人老了就像一部舊了的車子、零件開始出現故障,再不及時保養,折損更快。為了不使老化上身,今後決心摒棄愛吃的甜食、米麵糕點、螃蟹大蝦、不熬夜、不偏食、多喝水多運動多吃蔬果。只有痛下決心執行運動和飲食,才能確保健康。

(本文刊於 06/27/2008 世界日報家園版)

美國 節慶

入境隨俗融入社區
體驗不同的節慶
大家一同歡樂

聖荷西退伍軍人節遊行

　　從 91 年前的 11 月 11 日上午 11 點第一次世界大戰結束之時開始，每年的這個節日、這個時間，在美國各地都會向退伍軍人歡呼致敬。美國各州也都會舉辦一年一度退伍軍人節慶祝儀式及遊行活動，為和平及保家衛國的老兵致上最大的謝意。

　　聖荷西第 91 屆退伍軍人節慶祝儀式及遊行，已經在 11 月 11 日上午 11 點在聖荷西市 Cesar Chavez 廣場舉行。不少華裔政壇人士與社區代表，也參與慶典並推崇退伍軍人對國家社會的貢獻。

　　華人社區也有組織團隊參加此次遊行，數以千計的民眾在 Market 街夾道歡呼。大家揮舞著國旗，軍民共歡樂，場面感人又熱鬧。

　　今年共有 120 個單位參加遊行隊伍，在中午時分從 HP Pavilion 附近出發，沿着 Santa Clara 街轉到

Market 街上，經過凱撒廣場前的主席台，然後在
San Carlos 街結束。

　　這是小石頭來美國三十多年，第一次參加的遊行，很興奮也很期待。雖說 11 點集合，但我們十點半就到了指定的地方，沒想到還有更早來的人。120 個單位參加遊行，一看我們的號碼：哇！91號，要等到什麼時候才輪到。不見頭，也不知尾巴在哪？也不在司令台附近，看不到儀式進行，枯等兩個小時。趁我們隊伍未開步走前，小石頭趕緊抽空在附近到處竄走，搶拍下一些鏡頭。小石頭這次參加的遊行隊伍是由北加州臺灣同鄉聯合會主辦召集的。隊伍中也有臺灣學校的小朋友助陣，又舞又唱，又打鼓，服裝漂亮，為隊伍生色不少，沿途不少觀眾向我們揮舞並予以熱烈的掌聲。

　　美國人的遊行，跟小石頭在台灣時的遊行，有點不一樣。看不到聚會的大會場。大家依號碼在指定的位置上等，直到輪到自己的號碼，才開始起步。走過司令台至終點處，隊伍即解散。

　　這是一次很不錯的經驗，能配合社區活動，融入美國社會，為臺灣打出知名度，是很有意義的活動，華人應該共襄盛舉多參加這種社區活動。

(本文刊於 12 / 01 / 2010 老中報)

吉爾洛伊大蒜節

　　在灣區住了二十多年，每次南下聖地牙哥時，路過吉爾洛伊(Gilroy)，總會聞到一陣陣的蒜頭味吹過來，故而知道此地以出產大蒜聞名，且每年都會舉行盛大的大蒜節。對大蒜並不是特別喜愛的我，從沒想過加入這個聞名已久的大蒜節活動。

　　今年一時興起，決定去走一遭，看看已有二十九年歷史的節慶，當地人是如何慶祝的。我們到得雖早，但停車場已排了好幾排的車子。來參加大蒜節的遊客大長排龍，等著上豪華巴士去會場。一下車，被滾滾的人潮嚇壞了！怎麼也想像不出會有這麼多嗜「蒜」迷。

　　吉爾洛伊每年七月最後一個週末，一連三天的節慶在聖誕山公園(Christmas Hill Park)舉行，已成地方

上的佳節慶典。在這裡從吃的到穿的，從看的到用的，都跟蒜頭有關。餓了，有蒜頭炒雞、蒜頭牛排、蒜頭披薩，蒜頭春捲、蒜頭海鮮、蒜烤玉米……可吃；渴了，有蒜頭啤酒、蒜頭檸檬汁可喝；要吃甜點的，有蒜味巧克力及蛋糕，和排長龍等試吃免費蒜頭冰淇淋的隊伍。穿的、用的有蒜頭帽子、蒜頭Ｔ恤、蒜頭手工藝品、蒜頭杯子、食品、罐頭或食譜。真是五花八門，琳瑯滿目，令人目不暇已，嘆為觀止。

人山人海的人潮裡，穿梭著戴蒜頭帽的女孩、逗趣的小丑、彈吉他的樂手，和一身白衣狀如蒜頭的Mr. Garlic。走動的人群，排隊等食物的隊伍，擺攤尋寶的遊客，示範烹調現場的聽眾，加上演奏台上的音樂，遴選大蒜皇后，電視台採訪報導……把整個會場氣氛炒熱也炒滾了。

這些食攤裡，我們最感興趣的是蒜炒雞片。在現場現炒的雖是老外主廚，但衝著掛「泰來」招牌及銅鑼聲，我們有信心，應該會適合我們的「中國胃」。果然不出所料，肉滑嫩配上紅椒絲、洋蔥粒、綠花椰菜加上蒜頭及黑胡椒，真是美味。蒜烤玉米也合口味，蒜味冰淇淋、檸檬水我就不敢輕易嘗試，怕壞了一天的好心情。

盡情的吃、喝外，隨著音樂起舞，大家一起同

樂，大蒜食客吃得過癮又樂得開懷大笑。即使門
票、飲料、食物都不便宜，但每年仍擠進十多萬
人，動用超過四千人的義工，真是盛況空前，辦得
有聲有色，不愧是世界級的節慶。

　　在熱鬧的人群裡，跟著隊伍買食物，品嚐蒜味美
食，逛過每一區攤位，見過各式各樣的貨品；我看
人群，人群看我，見識老美過大蒜節的瘋狂，也是
人生的另一種體驗。

(本文刊於 09/03/2007 世界日報家園版)

國王蛋糕

　　迦南教會美食課，除了吃到美味道地的台灣肉圓外，我們很有口福，大家還第一次品嚐到國王蛋糕。甜在嘴裏，感動在心裏。

　　這個國王蛋糕是馬師母的女婿從新奧爾良坐飛機回台灣，在舊金山轉機時短短的幾小時內，專門送上門給馬師母的新鮮禮物。馬老師和馬師母捨不得吃，送來課堂上讓所有學員分享，這份貼心的情意，令我們好感動。

　　當印有 Mardi Gras 的盒蓋一打開，呈現眼前的是一個用奶油，淋上糖霜有紫、綠、金三種華麗顏色的大圓圈圈餅時，真是令人驚喜。原來不像蛋糕，更像大餅。這個國王蛋糕是用草莓、藍莓、及其他

材料做的內餡，切開後，像彩色糕好漂亮，欣賞好久，才捨得吃下第一口。內餡香腴可口，尤其外皮更好吃。馬師母在大家品嚐國王蛋糕時，提醒大家小心，餅內藏有塑料嬰兒，不要吞下去！

　　小石頭很好奇，上網打入 Mardi Gras King Cake，開始找謎題，想了解新奧爾良有什麼傳統習俗。搜尋良久，找到一些圖片及資料，原來國王蛋糕的造型這麼多，看得眼睛直發亮，對狂歡節的由來有了了解，自己像上了一堂課一樣，學到不少東西，滿心歡喜，真心感恩。

　　Mardi Gras (馬迪格拉) 是狂歡節的意思，是法文。新奧爾良原是法國殖民地。所以也沿襲這些傳統慶典的習俗。基督教世界的齋戒月是在復活節前40天，這段時間內教徒不能吃肉。為了熬過這漫

長的齋戒月，於是特別開放前幾天可以放肆大吃大喝享樂一番。在齋戒期前的星期二，對新奧爾良的居民來說，是個狂歡節，也是嘉年華會。每年都會舉辦慶祝狂歡節化粧舞會遊行，參加遊行的隊伍，人人奇裝異服，脖子掛滿珠子，甚至有更大膽的裝扮。

飽覽眼福盡情歡樂外，少不了也要吃傳統習俗的國王蛋糕。依傳統，國王蛋糕內會放上一個小塑膠娃娃，誰吃到它，誰就是這一天的國王可獲得皇冠。

小石頭只因吃了國王蛋糕，一時好奇而寫下此短文，讓大家一起分享。

(本文刊於 05/15/2011 老中報)

萬聖節 - 海盜庄園

　　一年一度的萬聖節已成為美國大人小孩第三個最大的節慶。各種稻草人、白色小精靈、巫婆、骷髏、蜘蛛、佈滿家門口。百貨店在一兩個月前已在出售各種小朋友喜愛的萬聖節服飾，有人扮巫婆、有人扮天使、有人扮 Wonder Woman，還有西部牛仔、蝙蝠人、吸血鬼、海盜、外星人…，有青牙獠面的鬼、也有溫雅漂亮的鬼，挨家挨戶敲門大叫"trick-or-treat"。大人也不甘寂寞，來個化裝舞會。把萬聖鬼節弄得有生有色熱鬧極了，一點也不可怕。反觀臺灣的七月鬼節鬼故事，讓人有點毛骨悚然。

　　萬聖節的前一天，兒子告訴我們在 Los Altos 的 Manor Way 的 Jill and Dane Glasgow's 地中海風格家屋前院，正展示萬聖節海盜庄園，而且比去年更有

看頭。Los Altos 當地報紙也刊登此則消息，小石頭很好奇，特地前往 Los Altos 想一窺另類的萬聖節慶祝玩法。

這個海盜庄園，除了庄園城堡，還有一個農夫市場販賣農產品和魚貨。也有洞穴用來儲存一些珠寶等戰利品。今年再增添一艘新的海盜船配加農炮，以取代去年的 15 英尺桅杆的 16 英尺長的船和骷髏船員。煙霧、炮火、雷聲、閃電，像迪斯尼樂園的「我的海盜的生活」的喧囂"喲嗬嗬"等聲光效果，讓場面增加不少意外的驚喜與熱鬧，彷彿置身在迪斯尼樂園乘坐加勒比海地區的海盜。引來附近居民開車來觀賞。

Dane Glasgow 負責籌劃此次海盜庄園，他的朋友 Jon Langshaw、鄰居、和在 e-Bay 工作的同仁也積極幫忙參與佈置工作。今年他們做了改進，學習雕刻、油漆、聚苯乙烯泡沫塑料，使結構重量更輕，更易於移動和儲存。

這個展示是格拉斯哥送給附近鄰居的萬聖節禮物。如果參觀者和玩 trick-or-treat 的人願意捐獻食物或金錢給「第二豐收食物銀行」(Second Harvest Food Bank)，他們備有大桶來收集。

有些美國人願意費心神又花錢，搞創意的排場，讓附近的鄰居有份驚喜與意外的節慶，及做慈善捐募，這份愛心與善心令人敬佩。

(11/3/2012 刊登於親子盒子四季園部落格)

旅遊

遊歷山水
增廣見聞
豐富人生

漢庭頓中國流芳園

　　遊過日本花園，循著林蔭步道走入〈流芳園〉，
第一個感覺是小巧又富詩情畫意。在漢庭頓園中它
是一個富東方風味的造景。

　　流芳園是漢庭頓植物園最後動土新建的庭園，歷
經多年的計劃及建築，目前完成 3 英畝，只佔全部
工程的三分之一，已於 2008 年 2 月 23 日正式對外
開放。其他的園林將陸續分期擴建，預計總面積
12 英畝。

　　所有園林建築都摹仿蘇州園林，並從中國蘇州請
來園林師傅精心打造。園中除了人工湖、小橋，亭
榭、庭台、閣樓、迴廊、茶館外，並有松、竹、
梅、蓮及垂柳的陪襯，綠意盎然，景色秀麗。每個
景點都賦予詩意的名字，如<愛蓮榭>、<三友閣>、
<活水軒>、<玉茗堂>、<玉帶橋>、兼具中國古典園
林建築與文學涵意。

「流芳園」的名字，取自詩人曹植的〈洛神賦〉中：「步蘅薄而流芳」。形容洛神的步履經過芳草叢，一走動就傳來陣陣幽香。意味著「流動香水」或「香氣彌漫」。漫步其中，彷彿置身在中國古代的園林裏，思古之情猶然而生。

園景中另一個特色是把不同形式的窗子，巧妙的框住在一片美景中，並以植物或花卉刻在門窗上，配上楹聯更增添藝術的美感及中國風味。

綜觀園內建築略嫌侷促，湖水不清澈又無淙淙流水聲，少了生動與活力。彰顯不出江南美景的風味，真是美中不足。寄望等它全部工程完成時，會有另一番景象。

附註：

漢庭頓公園（The Huntington），位於美國洛杉磯市郊的
聖瑪利諾（San Marino）高級區。這座占地 207 英畝的
公園，建立於 1919 年，原本是美國鐵路大王亨利‧漢
庭頓的私人地產，其中的藝術館即為其生前住所。後來
他將整座公園捐獻給美國政府，公園於 1928 年正式對
外開放，成為洛杉磯一個著名的人文與自然旅遊景觀。
中國流芳園即是其中的一個花園。

(9/3/2010 刊登於親子盒子四季園部落格)

160

鬧市中的樂園 - 史托湖 (Stow Lake)

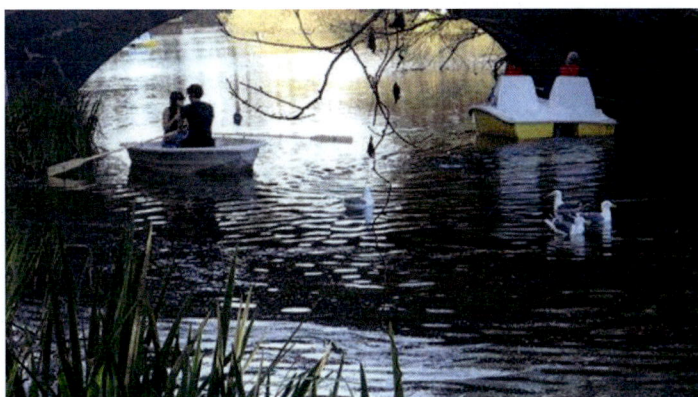

　　去過舊金山金門公園無數次，居然不知道公園內有個可供玩樂的史托湖 (Stow Lake)。上週二參觀溫室花房後，我們慕其名特地去史托湖繞了一圈。

　　一到湖邊下了車，鳥叫聲不絕於耳。鴨子悠游水中，此起彼落的海鷗盤旋在湖面上，鴿子、加拿大雁群聚在岸邊憩息、覓食。來來往往泛舟遊湖的畫面，全映入了眼簾，讓人驚呼史托湖景色的美，真的名不虛傳。

　　史托湖位於金門公園，馬丁路德‧金街與約翰‧肯尼迪街之間，近 19 號大道。是藏在金門公園內的一個人工湖，可以泛舟環繞著整個小島。島中有個人工瀑布 (Sail Past the Waterfall) 及紅柱綠瓦的中國式涼亭及一座石橋，風景極佳甚受歡迎，是遊客來史托湖不能遺漏的兩個景點。尤其來自臺灣的遊

客，一發現這個中國式的涼亭是來自台北市所贈，
更有一番親切感。

早春的舊金山難得有這麼暖和的天氣，出遊的人
還真不少。沿著湖邊散步，看鳥、觀湖、欣賞著來
來往往划過的輕舟。其中有對對情侶，有親子共
舟，親友共歡樂的溫馨畫面，充滿浪漫、溢滿親
情，整個湖面是如此的生動又有活力，是小石頭在
南灣所見過最美的一個人工湖。

走過水泥橋，順著人工瀑布旁的梯子，我們爬上
了草莓山的頂點。居高臨下望眼所及除了滿地野花
野草，偶爾還有到處攀爬的松鼠。下了坡，來到金
門亭。中式的樓臺亭閣築在湖畔，綠瓦紅柱，讓史
托湖更增幾分嫵媚。亭台上的石桌上鑲嵌的銅板刻
有 1981 年 4 月 13 日，台北市捐贈給舊金山姊妹市
的禮物，為促進兩市的民間情誼，而留下賞心悅目
的歷史見證。

繼續環湖漫步，我們看到了湖中另一座雙拱石頭
橋。整座橋是用一大塊一大塊的石頭堆砌而成，質
樸優雅，是爬往草莓山的必經地，也是湖中另一處
必遊的佳景。橋下湖水平靜，兩旁綠樹遮蔭，水
鴨、水鳥嬉戲其間，一片安祥寧靜，四週景物渾然
天成，不見人工匠氣，宛如鬧市中的人間樂園。

越過石頭橋走回租船的地方，環湖繞了一圈，回到了原點，需要三十多分鐘。一路走來，視野所及除了山光水色，泛舟的浪漫畫面外，還有成群的水鴨水鳥飛舞嬉戲湖中……沈浸在如此美景中，渾然忘我滌盡了一切塵慮而不知天上人間，這裏真是一個令人舒展身心的小天地，快樂就是如此簡單。

　　假日去造訪舊金山時，請記得抽空去史托湖繞一圈，這是一處值得家人或情侶共遊湖賞水鴨水鳥的好去處。

(本文刊於 03/18/2018 親子盒子四季園部落格)

舊金山最美的藝術階梯

　　舊金山是個背山面海多山丘的城市，地勢陡峭，寸土寸金。除了公園及一些綠地外，要在社區散步、健行，幾乎找不到練腳力的地方。1906 年開始利用陡峭的坡地闢成幾處階梯似的步道，提供社區居民有個舒展身心運動的地方。馬賽克彩色階梯就是這個構想下的藝術產物。

　　馬賽克彩色階梯位於舊金山第 16 大道與 Moraga 街交接處。是由來自愛爾蘭陶藝師 Aileen Barr 和馬賽克藝術家 Colette Crutcher 聯手創作，並結合社區 300 多名自願者，費時兩年半的努力，終於在 2005 年 8 月完工並正式啟用。

　　這個充滿色彩繽紛的藝術階梯共有 163 梯，用超過 2000 片手工瓷磚和 75,000 塊瓷磚碎片，鏡子和

彩色玻璃拼湊而成。階梯的主題是描繪從深海到太陽的夢幻世界，仔細看你會發現在很多魚的身上刻有名字，那是這項工程的捐贈者，據說一共有 200 多位。

　　階梯的圖案是由海洋、陸地、天空、太陽、星星、月亮、銀河組成的。有花、有樹葉、有鳥、有蜻蜓、松鼠、烏龜、及各種陸地動物、植物串聯起來，在星空及艷陽下組成最完美的彩繪。像童話般的夢幻，一幅令人印象深刻又驚艷的景觀，被譽為世界上最美的階梯。不僅成了遊客們熱愛的景點，也是當地居民散步、健行、練腳力的好地方。讓原本怕爬樓梯的人，不但不覺吃力反而充滿了樂趣，也為舊金山帶來了更多的生命活力。

如果您爬了 163 級台階後，還有體力的話，可以再往上爬至 Grand View Park。這個公園不但很小，而且不顯眼。但是，當你爬上木梯到達頂部時，你會大聲驚叫！令人出乎意料的是視野出奇的廣闊，可以 360 度俯瞰舊金山市區。真的是不能「以管窺天」小覷它的外貌。

　　居高臨下，美景一覽無餘。遠處的高樓大廈、金門公園、太平洋、馬林岬，近處的街道、民宅、來往的汽車，全一一入眼簾……。有登泰山而小天下的感慨。這是一處值得一看的景觀，千萬別錯過這難得一見的景色。

（本文刊於 03/18/2018 老中報）

狼山地區公園 (Coyote Hills Regional Park)

　　連日多雨，難得週六天氣放晴，急著想出去郊外踏青的機會終於盼到了。於是興沖沖提著簡便的行囊，往狼山地區公園去追逐綠野花蹤。

　　狼山地區公園位於舊金山灣的東南邊，佛利蒙和紐瓦克的西北邊。1967 年開放，屬於舊金山灣國家野生動物保護區。有近 978 英畝淡水和鹹水的沼澤地和和一大片草原覆蓋的山丘。遊樂中心除了展示公園的自然史與野生動物外，也有描繪奧龍尼的生活壁畫，兼賣小紀念品和 T 恤，也提供遊客資訊。此公園是散步、觀鳥、慢跑、騎自行車、探索自然生態及野餐最受歡迎的地方。

　　2009 年 10 月第一次來時，適逢秋天，山丘一片土黃。蕭瑟又孤寂，整個公園顯得空曠，除了聒噪

的鳥聲，人稀且雜草漫生，與想像中的景色相去十
萬八千里，難免有點失望。

　　繞著鹽池走半圈，然後下了山丘，終於見到一大
群不同的水鳥停歇在沼澤中。在夕陽下，我們捕捉
到了鳥兒歸巢群聚的百態橫生圖，也算是不虛此
行。

　　事隔約八年，想看不一樣的景色，我們在春暖花
開時，就急著再上狼山公園。往北邊走，一上了小
山丘就嗅出生命的小苗冒出綠意。果然是一片翠
綠，有沼澤、山丘、野花，綠地及悠閒漫步在林蔭
樹下嬉戲追逐的野生火雞，還有坡上岩石邊綻放著
黃澄澄的罌粟花，耀眼極了！映入眼簾，恍如一幅
幅的美畫令人陶醉。頓覺舒坦又清新，一掃冬天多
雨又陰霾的心情，換來了無比的快樂。

氣候的遞變真是如此神奇美妙，讓我們能在春、夏、秋、冬四個季節中看到不一樣的美景，真是幸福。春天是百花盛開的時節，愛花、愛攝影的朋友，應把握這美好的時光，多到郊外走走，讓生活中多點絢麗的色彩，心中充滿綠意的喜悅。

(本文刊於 04/12/2017 老中報)

參觀加州 Jelly Belly 糖果公司

　　大家都知道已故美國總統雷根在他當州長時就喜愛 Jelly Bean (軟糖豆)。一九八一年一月，在他總統就職典禮時，為配合美國國旗的顏色，訂購紅、白、藍三種不同顏色的軟糖豆。當時沒有藍色軟糖豆， Jelly Belly 公司火速設計配方，即時推出新產品。有三噸半訂單的三種顏色 Jelly Belly 軟糖豆送到白宮做就職慶典用。

　　Jelly Belly 是製造軟糖豆的糖果工廠，位於北加州那帕山谷東面的 Fairfield ，已有一百多年歷史的老店。由一九七六年最初八種口味的軟糖豆，研發到現在的五十種不同的口味。每種味道都有自己獨特的顏色， 色彩鮮艷，包裝精美。吃起來軟糯又甜，在美國很受歡迎，尤其是小朋友最喜歡去參觀軟糖豆的工廠。

一入門口往上看：大大小小的軟糖豆、汽球懸掛在半空中，像真的一樣，想吃幾粒解饞。軟糖豆可以單獨的一種口味吃或不同的口味混合著一起吃。可做蛋糕裝飾，或配合復活節、情人節、生日、萬聖節、聖誕節，而設計出不同的軟糖豆來迎應節慶。

最奇特的是富創意的糖豆藝術家 Peter Rocha 用 Jelly Belly 的糖豆，製成各種藝術經典的作品。在走廊牆壁上，你會看到美國故總統雷根夫婦逼真的畫相、英國黛安娜王妃招牌笑容及許多其他名人的 Jelly Belly 糖豆畫像，手巧功細，讓人嘆為觀止。

這些唯妙唯肖的糖豆畫像，是糖豆藝術家 Peter Rocha 精心製造而成。他先在 1.2 公尺 x1.2 公尺的三夾板上大致繪出想要製作的圖案，然後用壓克力漆畫出圖案。將整塊板子的圖案塗上黏膠，再把各種不同顏色的軟糖豆一顆顆黏到木板上，最後再塗上一層塑料封膠來保護糖豆。每一幅畫大約要用一萬顆糖豆。

Jelly Belly 糖果公司歡迎免費參觀，備有專人帶隊解說，參觀後並贈送兩小包軟糖豆給訪客品嚐。只是參觀工廠時，不讓訪客在生產線拍照，所以無法拍攝到軟糖豆的製造過程。

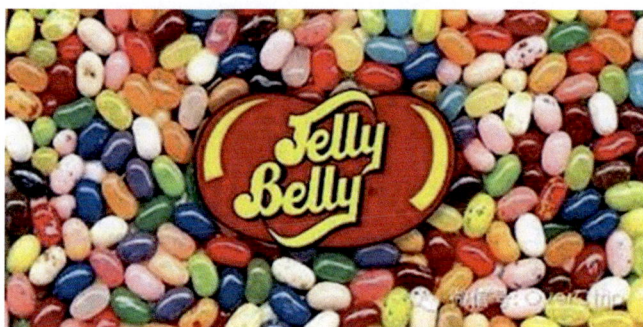

(本文刊於 05/05/2007 親子盒子四季園部落格)

神奇地下花園

　　住在灣區的人，有不少人參觀過 Fresno 地下花園，但也有更多的人沒聽說過有這個景點。

　　車子到了 Fresno，從 W. Shaw Avenue 路旁，就可看到 Forestiere Underground Garden 的招牌。圍著籬笆，從外表看不出什麼名堂，只不過是普普通通的果樹園。我們排隊隨著講員穿過葡萄架下，拾級而下入了洞口。才發覺真夢幻，宛如城堡又似地窖，別有洞天。

　　整個地窖像迷宮，錯綜複雜。約 100 間客房及通道、花園、天窗、隧道、樓梯、魚塘、臥室、露天浴室、宴會廳穿梭其間，還種了不少果樹。令人看得目瞪口呆，嘖嘖稱奇！

室內多處有拱門、迴廊、階梯、還有壁爐，冬天可以點火取暖。所有的設計視岩石的硬度和開鑿的方便而建，洞洞相通，富變化又饒有趣味。果樹藉著天窗向上伸展，樹梢伸出洞口，不必用梯子站在地面上就可採收果子。這樣的奇才，憑著不懈的毅力，震天撼地，天下少有。

　　這位奇才是誰？是來自西西里島的移民，巴達薩爾福里斯蒂爾。巴達薩爾為追求自己的夢想及逃離富有又嚴格的父親的管教，1901 年 (22 歲時) 從西西里島移民到美國東岸波士頓港並找到挖地鐵隧道的工作。但他不習慣於東岸天冷又多雪的氣候，於是移居到天氣溫暖土地便宜的加州。原想在柑橘縣 (Orange County) 種植柑橘果園。但因土地昂貴，所以搬至北加州的聖華金河谷 (San Joaquin Valley) 較便宜的地方，買下七、八十畝的地。沒想到他卻買到連鐵鍬碰上都會反彈的硬石地。想成柑橘王國的夢想，完全破滅，沮喪到極點。為了生計只好四處幫人平整土地或挖渠灌溉。

　　由於 Fresno 夏季時經常熱到 115 度(攝氏 46 度)，熱氣逼人。那時尚未有冷氣空調裝置，他想到如果有個地窖避暑該多好。這個靈感讓他在 1906 年開始用一把鐵鍬和一個車輪桶子挖起地窖。

　　他覺得地窖涼爽舒適，後來又鑿了幾間客房並加

裝天窗來補助光線的不足及幫助空氣流通，最後索性將家搬到地下。1923 年他已在 10 畝寬的地下建造了 50 個房間，還有庭院、通道、小教堂、魚塘，和一個 800 英尺長的汽車隧道。這些房間分處在不同的地層，而且還種了不少果樹。

　　一個接一個的想法，促使他不斷的在地層下又繼續建造了 23 年，直到 1946 年去世。他整整花了四十年的心力與精神在地下花園工作。地下花園已列入美國國家歷史古蹟之一。

(本文刊於 12/01/2011 老中報)

Monterey Bay 水族館半日遊

　　蒙特利灣水族館建於 1984 年，位於加州的蒙特利市(在舊金山東南方約 90 哩處)，原為沙丁魚罐頭廠舊址。由著名的 HP 公司的創辦人之一 David Packard 出資建造，由他女兒 Julie Packard 經營。是名列世界最好的水族館之一。

　　水族館濱海而建，外觀不是很氣派。但其特色是利用抽水機從蒙特利灣不斷吸取大量的新鮮海水供應水族館之用。館內有 623 種展示物種，每年吸引達 180 萬人次，來此觀光旅遊。

　　在眾多展示箱中，有兩個特大的水箱。一是 Ocean's Edge Wing，高 33 呎、水量 33 萬加侖，展示加州沿海海洋生物。另一個大水箱是 Open Sea Galleries，這是世界上最大的單一的窗格，貯水量

達 120 萬加侖。展出的海洋生物，有黃貂魚、水母、海獺、藍鰭金槍魚和黃鰭金槍魚，以及許多本土海洋物種等等，可在水線上方和下方觀賞。

　　館內展示由淺水灘到開放的海洋生物。有色彩鮮艷的各式各樣的魚類，也有長得很奇特的，千奇百怪的海底生物，令人嘆為觀止！大小魚群，優游在大水池裡，十分壯觀。小水箱裡躲在洞口裡的斑紋鰻很吸睛，讓人看得入神。其中以水母最吸引人，在水中慢慢飄下，搖曳生姿的水母 (Jelly fish)，一朵朵像傘花輕輕的飄落下來，美極了！一張一縮展現出不同的姿態，真是奇妙。各種不同的海馬也吸引了不少遊客駐足觀賞。

館內還有小朋友最愛看的企鵝，好玩又逗趣的水獺，更有供小朋友在水裡抓玩的設計水池，這是老少咸宜且是親情活動的最佳處。又可在附近觀賞蒙特利灣的海景，漁人碼頭與市景，一舉數得。有空不妨去見識這個漂亮的大水族館。

(本文刊於 04/01/2012 老中報)

蘇爾岬燈塔 (Point Sur Lighthouse)

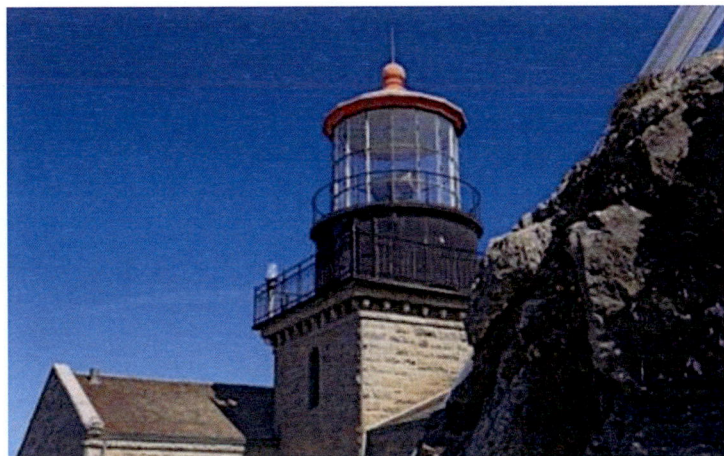

去年在蔚藍的部落格裏，看到一篇報導蘇爾角岬燈塔的文章，喜歡攝影的外子和我們的朋友蘇先生都沒去過。因慕其名，所以決定今年四月初一起去探訪。

從卡媚兒 (Carmel) 沿著太平洋海岸公路往聖賽門 (San Simon) 方向前走，來到蘇爾角 (Point Sur) 附近，就可看到公路旁的蘇爾岬燈塔的標幟。它座落在聖塔露西亞 (Santa Lucia) 山脈突出太平洋的陸連島處，是位於海邊的一座孤寂與世隔絕的小山頂上。

九點半我們抵達蘇爾岬燈塔入口處，鐵門仍鎖著。十點來了一位身著黃色外衣的導覽者開了門，帶領大家上山，當天是週日只有十多人分成兩組參

觀。一天只開放一次，不能私自前往參觀，必須事前預約，逾時也不等候。上山後不能提前離開，必須在參觀完全程後才能跟著導覽隊伍一起下山。

我們跟隨導覽沿著山坡往上爬，看到了許多野花。據導覽介紹：這小小半島的附近就有三十多種野花，春末夏初時五彩繽紛美極了。在海灣中我們也看到了趴在岩石上晒太陽的海豹，偶爾也會聽到它們的叫聲。

沿著山徑盤旋而上，終於看到了燈塔。燈塔設在觀景亭台及步道旁，是由石塊堆砌成的，看起來堅固又牢靠，裡面有一間小展示房展示燈塔演變史。由旋轉梯爬上燈塔觀望台，四野遼闊又壯觀。導覽細說起設立燈塔的由來：西元 1874 年，鄰近海域發生船難，死傷了不少人。蘇爾岬是加利福尼亞州海岸航線的一處危險地點，尤其是在 19 世紀中葉後，加州的淘金熱讓沿岸的航運量大幅增加，導致有許多船隻損毀。因此在 1886 年美國國會撥款籌建燈塔，1889 年完工，即是今日的蘇爾岬燈塔。以此燈塔指引海上船隻，以策安全。

突出太平洋的陸連島較高處，可以看到四間房舍和水塔。有禮品店文物展示間及工具屋陳列著各種不同的工具、都是當年留下來具有歷史價值的東

西。房舍可以進去參觀，屋內的陳設都保持原物，
這些傢俱已成了百年古董。

燈塔四周景色壯麗，它的美是他處無可比擬的。
藍天碧海、千頃白浪、礁石、海豹、及野花……把
這個孤寂的小半島點綴得有聲有色。有時候濃霧迷
漫，強勁海風吹來，別有一番風味。一百多年過去
了，燈塔仍然屹立在山頂上，默默照亮著大海，為
許多來來往往的船隻指引方向，深深令人感念其堅
守與貢獻。

三個小時參觀結束後，最後在禮品店付款(大人
＄12，小孩＄5)，全程都在義工領隊的監督及確定
安全下進行所有的活動及帶領遊客下山離去。

喜歡居高臨下，遠望四野遼闊的人，蘇爾岬燈塔
是值得一遊的去處。

(本文刊於 07/01/2014 老中報)

洛杉磯威尼斯運河 (Venice, Los Angeles)

　　2011 年妹妹來電話，告訴小石頭有一個很美的小運河，下次再去她家時，可以帶我們去玩。3 月 29 日我和姊姊終於來到想念好久的威尼斯運河。

　　這個威尼斯運河不在意大利，而是在 LA (洛杉磯)。位於 S. Venice Blvd、Washington Blvd、Pacific Ave、Ocean Ave 四條大道的交界處，藏身在住宅區的巷弄中。離威尼斯海灘 (Venice Beach) 很近，雖然名氣不如意大利的威尼斯，但小巧精緻有它可愛的一面。

　　威尼斯運河，是由香煙百萬富翁 Abbot Kinney 在 20 世紀初時仿意大利威尼斯運河而建造的人工運河。河道平坦迂迴，水淺流量緩慢。雖不是很清澈，但映照成雙的樹影、房舍、舢舨、小橋流水⋯天光水影共一色，景色非常怡人，曾是多部電影拍攝的場景。

我們沿著運河兩旁的小徑，邊賞景邊聊天。發現每家住戶的造景及設計都不同且各有特色，有維多利亞式建築、城堡式、西式……。住屋環河而建，且有各種不同造型的木橋連接。前後庭院和門扉都種滿各種花草，優雅又繽紛，目不暇給。尤其許多住戶還敞開客廳玻璃大窗任妳瞧盡裡頭的擺設，真是豪華又氣派；可以看出屋主花了不少心思去佈置。

最令人羨慕的是每家都有私人小碼頭可以泛舟，不出家門只要打開自家的門、窗，就能看到水禽悠游河中及享受靜謐的美景，真是人間的樂園。徜徉其間，彷彿置身桃花源，讓人流連忘返。

如果有機會到 LA(洛杉磯)，不妨抽空與親友一起去威尼斯運河小徑上漫遊，過一個輕鬆悠閒的逍遙遊，應是不錯的選擇。

(本文刊於 07/01/2013 老中報)

約書亞樹國家公園

　　未去約書亞樹國家公園之前，以為它是一大片寸草不生的沙漠荒野，杳無人跡。除了地上爬的蛇，天上飛的老鷹外，就是酷熱得像蒸籠。雖在加州境內車程一天可到，但壓根兒就沒想到去探個究竟。朋友做過功課，知道奇巖異石特多又吸引人，二月底天氣也不太熱，邀約作伴同遊，才動了心想一窺其真面目。

　　約書亞樹國家公園位於南加州，該公園由美國國會在 1994 通過《加里福尼亞沙漠保護法》而成立。在這之前它是一個國家紀念區，因公園內有奇特的沙漠植物約書亞樹而命名。約書亞樹學名為短葉絲蘭，生活在北美西南部，分布于美國加州、亞利桑那州，猶他州和內華達州。大多生長在海 2000 至 6000 英尺間的莫哈威沙漠 (Mojave Desert)。

公園除了大片約書亞樹外，此外還有仙人掌、墨西哥刺木…。但真正吸引遊客來觀光，大多為攀岩和它的奇巖異石慕名而來。

這些奇石怪岩經過久遠年代的風吹雨打及受到沙漠氣候和山洪暴發經年累月的侵蝕，千錘百鍊後慢慢形成的，有些沙石流失，有些石塊被磨得光滑圓潤。千奇百狀嘆為觀止。

喜歡戶外活動的愛好者，公園內有多處可以攀岩、露營、過夜、觀星。這裏有 9 個已建好的露營地，其中三個（黑岩露營地、印第安洞穴露營地和棉木露營地）向遊客們提供水和抽水馬桶。每個露營點每晚收取一定費用。黑岩露營地、印第安洞穴露營地和棉木露營地接受事先預定，而另外六個露營地則是誰先到，誰就先得到露營點的機會。

因行程緊湊，我們想看的景點是：骷髏石 (Skull Rock)、拱門岩 (Arch Rock)、隱身谷 (Hidden Valley)、全羅仙人掌花園。印象最深刻是骷髏石，空洞深凹的双眼，活脫脫的像骷髏頭，令人讚嘆大自然的鬼斧神工；是此公園必去的景點。拱門岩位於 White Tank Campground，是經千萬年風化而成的天然石拱門，形狀很奇特。隱身谷是熱門攀岩地點，有許多奇怪的巨大岩石，吸引初學者來攀岩。全羅仙人掌花園 (Cholla Cactus Garden)：有可愛嬌小型的全羅仙人掌供觀賞。若您有更多時間又有興趣的話，貝克水庫、印地安灣、鵪鶉泉…都是不錯的景點。

每個景點都值得下車瀏覽或拍照，這裏的嶙峋怪石、沙漠植物及遼闊的視野，讓人過目不忘。限於體力，還有不少景點沒去，真的有遺珠之憾。目睹約書亞樹國家公園的廬山真面目，方知自己的幼稚與超想像力的豐富是多麼可笑。犯了自以為是的毛病，也印証了百聞不如一見的成語。

(本文刊於 03/18/2018 老中報)

攀登精緻拱門 (Delicate Arch)

　　拱門國家公園的 Delicate Arch 也許不是世界最大
的徑距拱門，但卻是聞名遐邇。美國的郵票、地理
雜誌上都佔有一席之地，猶他州的汽車牌照，以它
做為標誌。獨特傲立在群山中，引來成千上萬的旅
客，慕名而來朝拜；足見其誘人的魅力。

　　拱門國家公園的景點很多，除了 Delicate Arch 之
外還有 Landscape Arch、Double Arch、Double-O
Arch、Partition Arch、 Balanced Rock……您會很訝
異，同在一個國家公園裏，卻有這麼多不同的景
觀：有突兀的孤峰、美麗的拱門、神殿、石林、城
牆、綿羊石、平衡石、雙拱門、人像…, 真是岩石
的天堂，蔚然成為世界的一大奇觀。這麼多的景
點，開車能觀賞的是：Balanced Rock、Double
Arch、和沿著公路旁的石林、城牆、綿羊石…。其
他的景點都需走很遠的路才能到達。

精緻拱門 (Delicate Arch)，是美國猶他州拱門國家公園的一座天然拱門，約高 52 英尺（16 米）由砂岩組成。許多天然拱門經過多年風雨侵蝕而倒塌，但精緻拱門至今仍屹立在岩石山谷中而知名。

　　為一睹精緻拱門的廬山真面目，即使是炎炎夏日暑氣逼人，去猶他州旅遊不是一件輕鬆的事。但八月十日我們依然照原計劃出發。

　　下午四點多抵達天然拱門公園時，熱氣仍未散。由停車場到頂峰的精緻拱門，來回三哩路，要走三小時；沿途顯少遮蔭，坡路又多，對自己來說，真是體能的大挑戰。

　　走走停停，汗流浹背。爬了一山又一山，走過一坡又一坡，仍不見精緻拱門的蹤影。沿途多少人已超越我們揚長而去，我自己卻愈走愈乏力，幾乎要放棄。每見有人下山，忍不住地問：還要多久才能爬到頂？還有多遠的路要走？有人告訴我們：還有三分之二的路要走，有些人為了鼓勵我們，打氣加油說：快到了，不要放棄。

　　天熱口渴，滿臉通紅，心跳加速，有力不從心的感覺，萌起了何苦爬得這麼累的念頭。想要懶，在半途歇腳，等妹夫和外子上山頂拍好美景後，一起下山。

　　往前瞧看不到盡頭；往下看離停車場又已遠，攻頂或下山，舉棋不定。妹妹說：好不容易來一趟猶

他州，就此半途而廢，豈不是白來了嘛！

　　此時真後悔平日不運動，沒有足夠的體力爬上精緻拱門，功虧一簣的懊惱。躊躇不前間，下山的遊客，對我和妹妹說：「快到了，前面的景觀很美，一定要去上山去看，千萬不能錯過。」

　　為圓期盼多年一睹拱門的真面目，提起精神加快腳步，奮力前行，終於看到睥睨群山擺著優美姿態的精緻拱門已展現眼前。數以百計的遊客已捷足先登，早坐在環狀看台(山脊)上，等著攝取精緻拱門日落前的風姿。恭逢其盛與來自世界各地的遊客，一起觀賞名聞遐邇的奇觀，心裏的感動，真是無法言喻。

　　直到日落天黑，星星已掛天邊，我們才下山。但上山的人，仍絡繹於途，想必星光下的拱門一定更美。回程的腳步變得輕快，心中充滿喜悅。外子對著我，翹起大姆指「恭喜挑戰成功！」

　　六十多歲退休的外子和我，平日都窩在電腦前，四體不勤，又沒壯碩的身體，能攀登高峰挑戰精緻拱門，真是此生最難忘的回憶。

　　(本文刊於 08/27/2007 親子盒子四季園部落格)

妖精山谷(Goblin Valley)

　　Goblin Valley 是猶他州立公園的奇景，地處偏僻，往往被遊客冷落。不管山大或山小，都各有特色。妖精山谷雖不大，卻讓人留下深刻的印象及暇思。

　　公園裏的砂石，經過多年的風化，留下許多神奇怪狀的石頭。有如調皮搗蛋的小精靈，又像泥塑的童玩娃娃，既可愛又不捨。不知是那個老頑童的傑作，整個山谷跳出許許多多的小精靈：小娃兒、蘑菇精、小鴨鴨、兔精、長髮戴帽的小妖女，各種各樣似動物又像人的奇石，還有外空來的 E、T⋯。

　　雖然這些景物很迷人，但正午時刻，沒有山風，又暑氣逼人，無法久留。只好搶快門把這些小精靈鎖入影框裏，免得它們逃之夭夭。

(本文刊於 05/20/2007 奇摩部落格精選)

夢幻的奇胡利玻璃藝術園

　　我們乘單軌觀光電車由西湖中心到西雅圖中心站需時兩分鐘。 一下車，奇胡利玻璃藝術園 (Chihuly Garden And Glass) 和太空針塔 (Space Needle) 同時映入眼簾，有親臨其境的驚喜。我們決定先參觀奇胡利玻璃藝術園，再去乘坐太空針塔。

　　小石頭喜歡玻璃製品，看過各種玻璃南瓜展，愛上其晶瑩剔透及艷麗的色彩。去年在拉斯維加斯的 Bellagio 大飯店看到奇胡利彩色玻璃天花板時，很驚訝！有人竟然能把矽砂吹製成如此絢麗的藝術品，而留下很深刻的印象。

　　奇胡利玻璃藝術園今年 5 月 21 日正式對外開放，我們慕其名特地去參觀。展覽館展出的有：玻璃森林、西北室、波斯天花板、米勒菲奧里、花

船、海洋生物塔、麥琪亞森林、吊燈……玻璃屋和一個翠綠富色彩的夢幻花園。園內並設有一個對外開放的咖啡廳、戶外茶座、禮品店和書店。還有容納 50 人的劇院與演講廳，向觀眾播放奇胡利作品的創作歷程。

展出作品中以花道船隻 (Ikebana and Niijima) 最獨特，奇胡利到過日本新島，曾看過日本漁船，留下深刻印象；以日本花道藝術為靈感。海洋生物塔以海藍色為主色調，狀如塔。塔高 4.5 米，寬 3.6 米，，由 1000 多片玻璃組成，仔細看有海星、章魚、貝殼、海葵、海膽等，令人眼花撩亂。 其中以玻璃屋 (Glass House) 最為吸睛，是全場最大的展示屋，光線明亮。高 43 呎的玻璃屋佔地 4500 平方，由玻璃和鋼架組合而成的。紅、橙、黃和琥珀色是玻璃屋的主色調，由玻璃屋可仰望太空針塔。米勒菲奧里 (Mille Fiori 意大利語 "千花" 的意思) 把藝術品呈放在鏡子上面，好像千朵花浮在水面上一般，色彩繽紛，富創意。

所有展出的作品呈現明亮的色彩，纖細華麗，又獨具特有的個人風格，結合藝術靈感和雕刻手工技藝，把原本冰冷生硬的玻璃吹製成如此頂級精美的藝術品，真是巧奪天工，神奇得令人讚嘆不已，也被奇胡利的才華折服，更享受了一次難得的視覺盛宴。

　　奇胡利出生於西雅圖的近郊 (Tacoma)，他的所有藝術大都以玻璃製造和設計為主要核心。工作室設在西雅圖，他的大部分作品也都在這裡創作完成，送去世界各地展出。

（本文刊於 07/15/2012 親子盒子四季園部落格）

阿拉斯加首府 - 朱諾 (Juneau)

　　朱諾是美國阿拉斯加的首府，依山傍海。早期原住民在此以捕魚為生，並沒有任何固定的聚落處。1880 年發現金礦，才成了聚集的小鎮。之後的淘金熱潮，由各地擁進不少的採礦工人，逐漸有了城市的模式。1906 年原首府 Sitka 隨著捕鯨魚和皮獸業的衰落，首府才遷至新興的金礦都市朱諾。城市不大，街景卻很迷人。

　　上岸後可漫步街頭，前往門登霍冰河 (Mendenhall Glacier)欣賞經年不化的冰河奇景、也可乘坐直升機或纜車俯瞰朱諾的群山峻嶺或冰川，或搭小船出海追逐鯨魚。懼高又畏水的我們，既不敢乘直升機，又怕泛獨木舟，對釣魚更不感興趣，最安全的選擇

是：乘市區遊覽車看冰河和逛朱諾市中心。(遊覽車看冰河不貴，值得去看。)

門登霍冰河就在朱諾市西北方，車程約二十分。此冰河形成於 3000 年前，長度約 12 英哩、寬 1.5 英哩是朱諾最有名的景點。我們在門登霍冰河旅遊中心下車，大家陸續下坡往觀景台欣賞難得一見的浮冰和壯觀的冰河及瀑布。陰雨天霧氣瀰漫，雲霧縹緲，漫步其間，似夢如幻，難得一見的景色。

朱諾為迎接來自世界各地的觀光客，整個城市精心粧扮，小城到處充滿蓬勃的朝氣。鮮艷的花朵，美麗的街景，在雨中更富詩意。街道掛滿色彩各異的旗幟，不同的圖樣，述說著歷史的遺跡。遊輪一靠岸，滿街都是觀光客，讓朱諾顯得更熱鬧。

這裏以賣珠寶、鑽石居多，其次是手工藝品、T恤、帽子、冬季外套……。東西真的便宜，到處可見拎著大型塑膠袋買了 On Sale 商品的觀光客。

時間在走走逛逛中一個下午很容易打發掉，走累了也餓了，遊輪就在不遠處，趕緊回船準備吃晚餐。再過一小時，遊輪將開往下一站：史凱威 (Skagway)。朱諾富詩意又多雨的美麗街景將永留回憶中。

(本文刊於 10/10/2007 親子盒子四季園部落格)

夏威夷之旅

　　去年九月，外甥女在夏威夷瓦胡島結婚。因為大人要上班小孩要上學，所以有些親友無法前往參加。於是決定今年六月下旬，學校放暑假、大人拿假期，大家來一次大團聚。除了姊姊和我們兩家人外，還有姊姊老二的美國朋友及女兒一共 20 人，各自搭機前往瓦胡島匯合。我們一共租了七人座車兩部，小車子三部及老四家小車兩部。單獨出遊或一起行動，都沒有問題。我們有自己的策劃、導遊、攝影及負責餐飲預約…自己的人充當司機，真是一支浩浩蕩蕩的旅行團。

　　白天有小孩的留在大旅館戲水，其他的人就去 Shopping、逛農夫市場、參觀日本佛寺、去珍珠港參觀阿利桑那航艦紀念館…再安排幾天一起活動及看表演。大家能聚在一起，又達到旅遊的目的，真是一件很快樂的事。

夏威夷是加州最接近美國離島的城市，飛機單程約四小時即可輕鬆到達。瓦胡島的語意即是：匯聚的地方。它是夏威夷群島中的第三大島，人口最多，也是夏威夷人文和經濟中心。這裡有世界聞名的旅遊聖地威基基海灘 (Waikiki Beach)、檀香山市 (Honolulu)，恐龍灣 (Hanauma Bay)，珍珠港 (Pearl Harbor)等名勝地，除了陽光、沙灘、椰子樹，還有美食。有大都會的熱鬧與現代化，也有純樸小鎮的安寧，這是一處迎合任何觀光客最理想的度假處。

　　喜歡沙灘、戲水又愛熱鬧的人，可以去威基基海灘。不想人多的可以去卡魯瓦海灘公園 (Kailua Beach Park) 或拉尼凱海灘 (Lanikai Beach)。溫和的海風，天藍浪又小，夕陽西下漫步在潔白細如白粉的沙灘上，富情調又浪漫，堪稱世界級有名的沙灘。喜歡浮潛的可以到恐龍灣清澈碧藍的海水中去潛泳，探索海底美麗的世界。

　　喜觀自然景觀的：可以去參觀坐落在 2000 英尺高的柯勞山脈 (Koolau Range) 葱翠山谷深處中的神廟谷，欣賞京都庭園設計及木質建築的自然美。聽深厚低沉的鐘聲，在寧靜的佛寺裡低蕩迴旋。 到努阿努帕里大風口 (Nuuanu Pali Lookout) 站在觀景臺欣賞陡峭的庫勞懸崖和青翠茂盛的山脈。公路、小島、山巒、樹林、草坪、住宅、建築物⋯ 都一一呈現在眼前，讓人覺得四野真遼闊，恍如置身在

畫中。體驗一下呼嘯而過的強風，驗証名符其實【大風口】的名稱。

去 Kualoa Regional Park 看中國斗笠島、去 Laniakea Beach 看綠海龜。有興趣的人可去 Dole Plantation 坐 Pineapple Express 小火車遊鳳梨園或走號稱世界最大的迷宮。

喜歡人文歷史的，別忘了去珍珠港歷史博物館，看一段當年日軍偷襲珍珠港的黑白紀錄片，再坐小船去參觀亞利桑那號戰艦紀念館。站在白色長形的紀念館上，可以清晰看到戰艦的殘骸，且還汩汩地在水面上不停地冒著油花。所有陣亡將士名字都雋刻在紀念館的牆上，讓世人追思。對美國人來說：這是一場永遠忘不了的慘痛教訓與惡夢。

也可乘巴士到福特島，登上密蘇里號戰艦紀念館。現在，這艘巨大戰艦停泊在珍珠港內，作為真實生動的活博物館，展品涵蓋二次大戰和 50 年的服役歷程。很多人仍記得 1945 年 9 月 2 日，在密蘇里號戰艦紀念館的投降甲板上，麥克阿瑟將軍接受了日本的無條件投降，結束了第二次世界大戰。密蘇里號戰艦也因此而聲名大噪。

度假除了玩山遊水，吃得好也很重要。少了美食總有點玩得不盡興的感覺。夏威夷地處太平洋上，

融合了七大民族，各有其特色，並在此延續了他們的傳統文化。在美食上也融合了歐洲、亞洲和美洲最佳烹飪手法，創造世界頂級的料理。可以吃到不錯的日本和夏威夷料理、法式西餐、美式牛排…還有夏威夷盛宴(盧奧)，邊吃自助餐也邊看跳草裙舞及欣賞音樂。此外也別忘了去 Giovanni's Shrimp Truck 嚐大蒜奶油蝦，及去吃 Island Snow 或 M. Matsumoto 雜貨店的彩虹刨冰。再去逛農夫市場，嚐嚐當地最新鮮的美食，當然也可以在小鎮上吃到拉麵或快速餐食。視您口袋中有多少錢來決定如何享受美食。如果您想買點夏威夷名產當伴禮，到當地的 Costco 買較便宜，而且美國的 Costco 不賣這些名產。

愛血拼的人，當然這裡也有許多 Shopping Mall 可以滿足遊客的需求。但別忘了買時快樂，付帳時才覺自己敗得快出血。

夏威夷之旅，在愉快的聚會中結束了，但意猶未盡，似乎還沒玩夠。這是一次我們最喜歡又能盡情放輕鬆心情的度假方式，每天行程都由自己人安排。可以做深度旅行，不必像旅行團那樣起早趕晚，走馬看花的玩法。九天八夜的夏威夷之旅，才發覺瓦胡島真的很好玩，令人回味無窮。如果您還沒去，可以考慮去一趟。

(本文刊於 09/06/2014 老中電子報 e-Paper)